ANTONIO CALLADO
E OS LONGES DA PÁTRIA

ANTONIO CALLADO
E OS LONGES DA PÁTRIA

Ligia Chiappini

1ª edição

**EDITORA
EXPRESSÃO POPULAR**

São Paulo - 2010

Revisão: Leandra Yunis, Maria Elaine Andreotti, Ricardo Nascimento
Barreiros e Ana Cristina Teixeira
Projeto gráfico: ZAP Design
Diagramação: Krits Estúdio
Foto da capa: Acervo da família
Impressão e acabamento: Cromosete

Dados Internacionais de Catalogação-na-Publicação (CIP)

C532a	Chiappini, Ligia Antonio Callado e os longes da pátria / Ligia Chiappini —1.ed.—São Paulo : Expressão Popular, 2010. 104p. Indexado em GeoDados - http://www.geodados.uem.br ISBN 978-85-7743-144-1 1. Callado, Antonio Carlos, 1917-1997 – Vida e literatura. 2. Escritores brasileiros – Biografia. II. Título. CDD 928.69

Catalogação na Publicação: Eliane M. S. Jovanovich CRB 9/1250

1ª edição: outubro de 2010

EDITORA EXPRESSÃO POPULAR
Rua Abolição, 201 – Bela Vista
CEP 01319-010 – São Paulo-SP
Fone: (11) 3105-9500 – Fax: (11) 3112-0941
livraria@expressaopopular.com.br
www.expressaopopular.com.br

Sumário

Antonio Callado: vida e literatura 7

Quarup: da religião à política 11

Nem lero nem clero 31

Quarup, antes e depois: do íntimo e do social 43

Callado e a "vocação empenhada" do romance
    brasileiro 61

Teatro em branco e negro 75

Conclusão 97

Bibliografia 101

Antonio Callado: vida e literatura

Antonio Carlos Callado nasceu em 1917, em Niterói, e faleceu na cidade do Rio de Janeiro, em 1997. Jornalista de profissão, desde muito jovem, quando começou a escrever crônicas e reportagens para o *Correio da Manhã*, escreveu simultaneamente romances e peças de teatro, bem como alguns contos.

Formado em Direito, nunca exerceu a profissão, indo adiante com o jornalismo e a literatura. Em 1941, durante a Segunda Guerra Mundial, foi repórter da BBC de Londres, onde trabalhou até 1947. Antes de regressar ao Brasil, também trabalhou em Paris, na Radio Diffusion Française. Na volta, retomou sua atividade no *Correio da Manhã*, até 1960. A partir de 1963, passou a ser redator do *Jornal do Brasil*, paralelamente ao trabalho mais sistemático como escritor. Em 1974, voltou à Inglaterra como professor visitante da Universidade de Cambridge e, em 1981, exerceu novamente essa função, dessa vez, na Columbia University, em New York. Em 1875, aposentou-se do jornalismo, mas continuou colaborando com jornais e revistas, embora de modo menos frequente. A partir de 1992, foi colunista na *Folha de S.Paulo*. Suas reportagens cobriram importantes acontecimentos no Brasil e do mundo: do nascimento das Ligas Camponesas à Guerra do Vietnã; da criação das primeiras reservas indígenas no Brasil à vida em Cuba dez anos depois da Revolução; do início de uma revolução sem violência no governo de Miguel Arraes em Pernambuco à sua destruição pelo golpe militar de 1964; do golpe ao início da abertura e à volta dos exilados nos anos de 1980.

Essa trajetória permite entender não apenas aspectos de sua vida como também de sua obra, ao menos no que se refere à profissão de jornalista e à experiência de viagem, em grande parte derivada deste ofício. Depois de sua primeira experiência europeia, Callado não parou de viajar: 1948, Bogotá, para cobrir a IX Conferência Pan-americana; 1951, Washington, para a Conferência dos Ministros do Exterior do Hemisfério; 1952, Xingu, na busca dos restos do coronel Fawcett;[1] 1959, Pernambuco, para ver de perto a luta dos camponeses do Engenho Galileia, onde começou a ganhar forças o movimento das

---

[1] Percival Harrison Fawcett (1867-por volta de 1925) foi um arqueólogo e explorador inglês que morreu numa expedição ao Xingu. Sua morte sempre esteve cercada de mistério e persiste a dúvida sobre se os ossos encontrados em 1952 pelos irmãos Villas Boas seriam mesmo do coronel ou se estes teriam sido enganados pelos índios que lhes deram a pista falsa para tirar proveito da recompensa oferecida. Antonio Callado participou dessa expedição, sobre a qual escreveu a reportagem *Esqueleto da lagoa verde*, publicada em 1953.

chamadas Ligas Camponesas de Francisco Julião;[2] 1963, regresso a Pernambuco, desta vez durante o governo Arraes,[3] como reporter do *Jornal do Brasil*; 1968, também pelo mesmo jornal, Vietnã do Norte em plena guerra; 1978, Cuba, quando era perigoso até ter um vestígio da viagem no carimbo do passaporte; daí ele ser feito num papel à parte, ao que alude o título do livro, decorrente dessa viagem: *Passaporte sem carimbo* (1978).

Callado costumava dizer que a longa permanência no exterior acabara por despertar nele um desejo de entender melhor o Brasil, por isso vários projetos de reportagens, peças de teatro e romances, que enfocariam distintos aspectos e regiões do país, no passado e no presente. Escritor e personagens estão sempre partindo para longe dos grandes centros, em busca de um Brasil desconhecido destes.

Na verdade, toda a obra tem muito a ver com essa vivência do jornalista-viajante e com a experiência política de quem passou por uma guerra e duas ditaduras (1937 e 1964). Sua ficção se tece passo a passo com a reportagem.

---

[2]   Francisco Julião Arruda de Paula (Bom Jardim, 1915-Cuernavaca,1999) foi um advogado que teve um importante papel na formação e defesa das Ligas Camponesas. Foi considerado um santo por muitos companheiros de luta. Na perspectiva dos defensores da ditadura foi um agitador.

[3]   Miguel Arraes (1916-2005), progressista governador de Pernambuco, eleito em 1963, foi deposto pelo golpe militar de 1964. Entre outras notáveis ações, empreendeu uma campanha de alfabetização, na qual aparecem envolvidos os personagens de *Quarup*, Nando e Francisca.

Uma delas, sobre a expedição da qual participou em busca dos ossos do cel. Fawcett, foi publicada em 1953, com o título de *Esqueleto da lagoa verde*. Trata-se de um texto que fica entre o jornalismo e a literatura, narrando com vivacidade e ironia os percalços dessa busca, que depois vai ressoar em outras expedições fictícias de livros como *Quarup* (1967) e *A expedição Montaigne* (1982). Assim como a dos ossos, as reportagens reunidas em *Os industriais da seca e os galileus de Pernambuco* (1960) e em *Tempo de Arraes* (1965) são essenciais nesse esforço de conhecer e dar a conhecer o país aos seus leitores. Vamos ver também muito delas ressoar na peça de teatro intitulada *Forró no Engenho Cananeia* (1964) e, alguns anos depois, em *Quarup* (1967).

Com o golpe militar de 1964, foi arrasada, entre outras, a experiência da revolução pacífica de Pernambuco, que, segundo Callado, foi "a mais viva experiência social jamais inventada no Brasil". O engajamento do escritor também lhe custou, na época, duas prisões: uma em 1964, logo após o golpe militar, e outra em 1968, após o fechamento do Congresso com o AI-5. Depois da Abertura, ainda retomou a história da repressão, ampliando a perspectiva para abranger alguns países da América Latina, como a Argentina, no caso de *Sempreviva* (1981), e a Bolívia e o Paraguai, em *Memórias de Aldenham House* (1989).

Quarup: da religião à política

Quarup, o romance mais conhecido de Callado, traduzido em várias línguas, pode ser lido como uma espécie de divisor de águas entre uma visão esperançosa e uma visão cética quanto ao destino do Brasil. Foi precedido, como vimos, por reportagens e peças de teatro,[4] cujas situações e personagens são retomadas e recriadas ficcionalmente no romance.

O enredo é centrado na figura do padre Nando, que vive num mosteiro, no Recife, e alimenta a ideia de criar uma sociedade utópica com os índios, na floresta amazônica. No tempo em que Nando ainda vive num mosteiro, sem se animar a sair em busca da sua utopia, conhece Francisca e seu noivo, Levindo, jovem estudante que trabalha junto às nascentes Ligas Camponesas. Nando passa então a amar platonicamente Francisca. O respeito à Levindo ajuda-o, nesse caso, a frear o desejo. Mas ele teme quebrar o voto de castidade, não resistindo à visão

---

[4] Refiro-me especialmente às reportagens: *Esqueleto na lagoa verde* (1953), *Os industriais da seca e os galileus de Pernambuco* (1960) e *Tempos de Arraes* (1965). E às peças: *A cidade assassinada* (1954), *Frankel* (1955).

das índias nuas, quando for conviver com os índios do Xingu. O problema persiste até que Winifred, uma amiga inglesa, resolve tirá-lo do impasse em que se encontra, oferecendo-se a ele. Após relacionar-se sexualmente com a amiga, Nando está pronto para enfrentar novas relações que aparecerão no seu caminho, e pronto também para partir.

Antes de chegar ao Xingu ele passa pelo Rio de Janeiro, onde conhece pessoas ligadas ao Serviço de Proteção aos Indios: Ramiro, o chefe, Vanda, sua sobrinha e secretária, Falua, jornalista e amante de Sônia (por quem Ramiro alimenta uma grande paixão); Olavo e Lídia, do Partido Comunista; e Fontoura, chefe do Posto Capitão Vasconcelos, no Xingu, e grande amigo dos índios, cuja cultura tenta preservar da destruição causada pela civilização e pelo progresso. Conhecendo-os, Nando conhece também, além de novos prazeres com jovens mulheres, as sensações e "viagens" provocadas pelo cheiro do éter, nas sessões de lança-perfume de que participa com Ramiro e os outros. Fontoura, entretanto, revela-lhe uma dura realidade: a triste situação dos índios, sua pobreza, doenças, sua condição de condenados pelo Brasil "civilizado" que investe sem tréguas, alterando suas vidas, roubando-lhes as terras e a tranquilidade.

Do Rio, Nando parte para o Xingu. Estamos em plena época do atentado contra Lacerda e nos últimos momentos do governo de Getúlio Vargas, em 1954. Da parte de Fontouras e de todos no posto do SPI, há uma grande expectativa: a presença de Getúlio, que virá para inaugurar o Parque Nacional do Xingu, assegurando a preservação das terras indígenas. Enquanto esperam, ajudam os índios a preparar a sua grande festa aos mortos: o *quarup*, que, entre outras cerimônias rituísticas, é constituído de uma grande comilança. Entre lances de caça, pesca, banhos de índios nus e perseguições de Ramiro a Sônia, chega ao Xingu pelo rádio a notícia do suicídio de Getúlio, e morre em Fontoura a esperança de ver o posto transformado em parque. Cansada das encrencas dos homens brancos, Sônia foge com Anta, um índio bonito, forte e preguiçoso, para desespero de Ramiro e Falua.

Na parte seguinte do romance, a história tem continuidade ainda no Xingu, mas muitos anos depois, quando todos, menos Sônia, se reencontram numa expedição ao centro geográfico do Brasil. Participa também Francisca, que voltara da Europa e perdera o noivo Levindo, morto pela polícia da ditadura. Reacende-se então o amor de Nando, ao qual Francisca corresponde. Dessa vez as coisas não ficam no amor platônico, chegam ao contato sexual, no centro da floresta virgem, em meio a orquídeas coloridas.

Cada um com suas obsessões, prosseguem todos na expedição. Ramiro, por exemplo, tem sempre a esperança de encontrar Sônia, em alguma tribo. Depois de vários riscos, fome e extravios no meio da floresta, enfrentando tribos ferozes ou doentes e famintos, o grupo chega ao centro geográfico, onde é fincado um marco. Autodestruído pela bebida, pois perdera as esperanças de salvar os índios, Fontoura morre em pleno centro geográfico, com o rosto sobre o grande formigueiro que corrói o Brasil, desde o seu coração. Francisca leva terra do centro geográfico para Pernambuco, cumprindo uma promessa feita a Levindo, antes de sua morte. Nando renuncia ao sacerdócio e volta a Pernambuco com Francisca, que passa a trabalhar na alfabetização de camponeses.

Antes disso, os dois desfrutam uma espécie de lua de mel no Rio de Janeiro. De volta a Recife, porém, Francisca resolve afastar-se, sacrificando-se pela memória de Levindo. Nessa época, a luta dos camponeses ganha força, sob o governo de Miguel Arraes, ao qual, entretanto, se opõe Januário, o líder do movimento. Nando resolve ajudar no trabalho das Ligas.

Com o golpe militar de 31 de março de 1964, Goulart é deposto e, em Pernambuco, Arraes também é afastado e preso. Além dessa, várias outras prisões são feitas e líderes são perseguidos. Nando vai parar na cadeia, onde sofre interrogatórios e torturas mais morais do que físicas, especialmente se confrontadas com o sofrimento dos camponeses, antigos companheiros de luta. Quando é libertado, fica sabendo que Francisca havia partido novamente para a Europa. Nando recolhe-se então à sua casa de praia (herança de seus pais) e se entrega a uma espécie de "apostolado do amor". Tendo finalmente aprendido com Francisca a arte de amar, de maneira a dar prazer à mulher amada, ele agora distribui amor às mulheres mais feias, fazendo-as sentirem-se belas e ensinando as técnicas amorosas a vários "discípulos" . São pescadores que resolvem segui-lo nessa "nova cruzada", para grande espanto e escândalo de seus antigos companheiros de luta política, em vias de organizarem novamente o movimento revolucionário, desta vez no sertão.

No décimo aniversário da morte de Levindo, Nando resolve comemorar a data com uma espécie de réplica do *quarup*, um banquete com todos os amigos, pescadores, prostitutas e antigos companheiros das Ligas. A cena do grande jantar (espécie de ritual em que se devora antropofagicamente a figura de Levindo) é simultânea à grande "Marcha da família com Deus pela liberdade". Os participantes da Marcha, em conjunto com a polícia, invadem a festa: muitos são presos, alguns fogem e Nando é espancado quase até a morte.

Socorrido por uma prostituta amiga e por Manuel Tropeiro, antigo companheiro de luta, Nando é levado para a casa do padre Hosana, onde se recupera e decide partir com Manuel Tropeiro para o sertão, voltando à luta. Antes, porém, passa por sua casa, onde encontra cartas de Francisca, e a polícia, que o espreita. Conseguindo matar os guardas, despede-se de Recife e da própria Francisca, que agora não é mais a mulher de carne e osso, mas sim, o "centro de Francisca", como Nando explica a Manuel e ao leitor. Precisando mudar de nome, quando se transforma em guerrilheiro, adota o de Levindo e tudo indica que a história se repetirá. Entretanto, o romance termina numa nota alta de otimismo quanto ao futuro que aguarda os dois heróis, com Nando vendo "o fio fagulhar ligeiro entre as patas do cavalo como uma serpente de ouro em relva escura".

Nascido e criado em uma família católica, a obra de Callado é marcada por uma interpretação muito pessoal da religiosidade, com forte conotação social, o que o aproxima das facções mais progressistas da Igreja brasileira e mundial. Isso se pode ver desde seus primeiros romances: *Assunção de Salviano* (1954) e *A madona de cedro* (1957), mas sobretudo em *Quarup* (1967). Ele próprio reconhece que essa religiosidade, sempre presente em sua obra, deve-se à sua formação, na época em que o catolicismo era uma prática e um pensamento que faziam parte do dia a dia das famílias de classe média e alta no Brasil. Seus romances transpiram esse clima religioso sob o qual ele viveu a infância e a adolescência, bem como o momento histórico que testemunhou: a virada social da

Igreja, depois de João XXIII, que o escritor teve oportunidade de observar de perto, no Brasil, com a súbita entrada dos padres nos movimentos sociais revolucionários (especialmente no Nordeste, onde constatou mudanças radicais da Igreja entre 1959 e 1963).

A história do padre Nando tem sido lida como a trajetória do abandono da religião pela política, mas, na verdade, essa leitura é um tanto simplista. Não se trata de uma negação da religião, nem mesmo do cristianismo. Trata-se, muito mais, de uma percepção quase profética dos novos rumos que a própria Igreja estava começando a trilhar no Brasil e no mundo, bem como da afirmação de uma religiosidade mais livre para uma sociedade mais justa.

Divisor de águas, esse livro parece viver sob o signo da transcendência, indo mais além do contingente e do perecível. Manancial, fonte exuberante a partir da qual certas características já esboçadas em romances anteriores (*Assunção de Salviano* e *A madona de cedro*), se aperfeiçoam e se desdobram no projeto coerente de uma ficção impulsionada pela urgência, que se debruça sobre a realidade político-social imediatamente anterior (no máximo, três ou quatro anos depois dos fatos acontecerem), na tentativa de iluminar e desvendar, pelo esforço da imaginação, aquilo que o jornal e a História deixaram na sombra.

Assomando-se a fatos mediatos e imediatos (do suicídio de Getúlio, em 1954, às lutas das Ligas Camponesas; do governo de Arraes em Pernambuco à sua deposição com o golpe de 64, do lento amadurecer do que se esperava fosse uma revolução sem violência, à morte de tantos homens, mulheres e ilusões), *Quarup* é uma espécie de festa cerimonial, de tronco (como diz Edson José da Costa), revivendo ritualmente, pela narração, as esperanças e desilusões de uma época muito significativa da nossa história.

Concluída sua primeira versão pouco antes do golpe, o livro foi publicado em 1967. Foi como se o escritor, eufórico, em plena fase de implantação de Brasília no planalto central, recém-chegado das viagens que lhe haviam permitido reunir um material tão variado para tentar ordenar na sua cabeça e no papel o país redescoberto, tivesse sido atropelado pela história. Com o golpe, o livro se transforma, camaleônico como a nossa realidade. De um texto atual, transforma-se, como o próprio autor diz, subitamente, numa evocação histórica.

Essa obra se relaciona estreitamente com discursos e práticas políticas e culturais da esquerda brasileira e com a contestação radical da nova ordem estabelecida após o golpe de 1964, que, como aponta Marcelo Ridenti, não se restringia às organizações de esquerda; difundia-se socialmente na música popular, no cinema, no teatro, nas artes plásticas e na literatura. O romance *Quarup*, de Antonio Callado, talvez seja o exemplo mais representativo da utopia revolucionária do período, no qual se valorizava, acima de tudo, a ação organizada das pessoas para mudar a história.[5] Tematiza o movimento revolucionário de Francisco Julião e seus seguidores, a experiência de Arraes e a sua tentativa de uma revolução pacífica, paralelamente às pregações da violência revolucionária no embate das tendências do tempo. Dialoga com projetos e movimentos fundamentais, como o das Ligas Camponesas, lado a lado com os projetos desenvolvimentistas, contradição não identificada na época como tal, pela maioria dos intelectuais. O romance mostra também que a revolução popular é incompatível com o nacionalismo e o desenvolvimentismo da burguesia e critica a mitificação do método Paulo Freire, quando aplicado contra ele próprio com a pedagogia do oprimido sendo transformada em receituário, em que a palavra "protesto" vira um pranto patético e um berro, aparentemente sem sentido, conforme analisaremos no item seguinte.

A primeira edição de *Quarup*, de 1967, sai com uma "orelha" de Franklin de Oliveira, onde ele afirma a sua atualidade. Segundo o crítico, *Quarup* iria representar

---

[5]   Veja-se: Ridenti, Marcelo. "O espírito da época no pós-1964". Disponível em: http://www2.fpa.org.br/portal/modules/news/article.php?storyid=1300. p. 2. Acesso em: 10.nov.2009.

para a literatura brasileira do decênio de 1960 o que *Grande Sertão: Veredas,* de Guimarães Rosa, tinha representado para a literatura brasileira do decênio de 1950. A novidade de *Quarup*, interpretando a sua época, seria, sobretudo, expressar uma vontade de transformação. Nesse sentido, o livro irradiaria uma energia nova, o que levou tantos leitores da época a considerá-lo como o romance da revolução brasileira por excelência, como foi o caso de Ferreira Gullar e da sua leitura, também feita no calor da hora:

> Isso é que é, na verdade, a Revolução Brasileira. E a gente acredita mais nela quando surge diante de nós um livro como *Quarup*, porque se vê nele que a revolução continua e se aprofunda, que ela ganha carne, densidade, penetra fundo na alma dos homens. O rio que vinha avolumando suas águas e aprofundando seu leito, até março de 1964, desapareceu de nossas vistas. Mas um rio não acaba assim. Ele continua seu curso subterraneamente, e quem tem bom ouvido pode escutar-lhe o rumor debaixo da terra.[6]

Já tive oportunidade de mostrar a parcialidade dessa leitura[7] e de explicá-la pelo horizonte de expectativa dos leitores da época, que se constituía fundamentalmente em torno de experiências como a das Ligas Camponesas, do governo de Miguel Arraes em Pernambuco, do

---

[6]   *Revista Civilização Brasileira*, n. 15, p. 252.
[7]   No livro *Quando a pátria viaja: uma leitura dos romances de Antonio Callado*, Casa de las Américas, Havana, 1983.

movimento estudantil, das campanhas de alfabetização pelo chamado método Paulo Freire, da virada popular de parte da Igreja Católica brasileira, do teatro e da poesia empenhados, que se queriam expressão do nacional e do popular. Ou seja, um horizonte de expectativa exterior à obra de Callado e à própria literatura, tecido pelos discursos que expressavam e deslanchavam essas práticas políticas e culturais, mas também um horizonte interno ao *Quarup* e à tradição da literatura brasileira, pois, como veremos adiante, o livro dialoga com obras fundamentais da nossa literatura, no mínimo, desde Gonçalves Dias e Alencar até Guimarães Rosa, passando por Mário de Andrade e perseguindo um filão que afirma o Brasil do interior contra o Brasil amaneirado e afrancesado do litoral.

Hoje, sobretudo depois de estudos decisivos, como a *Formação da literatura brasileira* de Antonio Candido, se tornarem conhecidos, sabemos que a vertente nacionalista da nossa literatura sempre foi uma tradição ambivalente, que se caracteriza pelo movimento pendular entre cosmopolitismo e nacionalismo, vanguarda e regionalismo. Mas, naquele tempo, o mais visível era o segundo termo, base ideológica do projeto revolucionário, como também deixa claro a leitura de Ferreira Gullar:

De fato, enquanto lia o romance, não podia deixar de pensar nos índios de Gonçalves Dias, em *Iracema*, de Alencar, em

Macunaíma, de Mário de Andrade, em *Cobra Norato*, mesmo nos *Sertões*, de Euclides, em Guimarães Rosa. Pensava na abertura da Belém-Brasília, no Brasil, nesta vasta nebulosa de mito e verdade, de artesanato e eletrônica, de selva e cidade, que se elabora, que se indaga, que se vai definindo.[8]

Esse leitor, como muitos outros no calor da hora, não apenas fazia uma leitura harmônica da tradição literária com que o romance dialoga, como também dele próprio e da realidade brasileira, do processo desenvolvimentista em curso, emblematicamente representado pela estrada Belém-Brasília que, de repente, no texto do poeta-crítico, estabelece um trânsito livre entre a ficção e a realidade e entre a busca física do centro do país, com o deslocamento da capital para Brasília, e a busca simbólica de uma identidade nacional.

Contradição, uma palavra que não aparece nessa leitura. No entanto, o projeto revolucionário das Ligas Camponesas e o desenvolvimentismo nacionalista constituíam uma contradição que, mais tarde, revelar-se-ia insuperável. Ou seja, a revolução popular era incompatível com o nacionalismo e o desenvolvimentismo da burguesia e dos intelectuais.

Mas *Quarup* resiste a essa leitura datada. Hoje podemos perceber isso, e essa é uma das razões da sua atualidade, entendendo agora atualidade no sentido

---

[8]   *Idem, ibidem.*

da sua relação com o nosso hoje e não com o hoje de ontem, identificado por Franklin de Oliveira. De fato, *Quarup* falou aos leitores da década de 1960, nacionalistas, desenvolvimentistas, populistas, anti-imperialistas, pequeno-burgueses e "revolucionários". Mas continuou falando aos leitores das décadas seguintes, ainda pequeno-burgueses, porém mais cosmopolitas e críticos tanto diante dos programas desenvolvimentistas e modernizadores quanto diante dos radicalismos de uma esquerda festiva. E se o livro conseguiu essa façanha até agora é por ser profundamente histórico e profundamente artístico, desmentindo os preconceitos que frequentemente levam a crítica a opor o histórico ao estético. O futuro nos dirá se ele seguirá falando aos novos leitores, que o processo de inclusão, lento mas efetivo, que estamos vivendo no Brasil, está permitindo formar.

Quarup é grávido de história, não apenas no sentido de que tematiza fatos da história recente do país, do suicídio de Getúlio Vargas ao golpe de 64, passando pela política de proteção (?) aos índios e pela luta camponesa, mas porque é ele próprio história, enquanto memória e reconstrução do passado no presente ou daquilo que os franceses, na esteira de Pierre Nora, chamam de "*lieux de mémoire*", que significa "lugares de memória", lugares ao mesmo tempo materiais, funcionais e simbólicos, que permitem a retomada do passado no presente. O "lugar", nessa acepção, nunca é dado, mas, artifício, construído e permanentemente reconstruído. Como diz François Hartog, comentando a monumental história da França, escrita por Pierre Nora e seus coautores – *Les lieux de mémoire*, em sete volumes – "o que faz um bom 'lugar' é sua plasticidade, sua capacidade de mudar perdurando: por exemplo, a direita e a esquerda".[9] Para *Quarup*, poderíamos tomar outros pares além desse que também nele existe: o centro e o litoral, o *quarup* e o banquete, os índios e os camponeses, o Xingu e o Catete, entre outros.

O mesmo historiador citado acaba seu artigo com a hipótese de que *Les lieux de mémoire* seria um "lugar de memória". E o mesmo poderíamos dizer de *Quarup*. Sua atualidade e sua historicidade passam pelo trabalho que o romance realiza com uma série de "*lieux de mémoire*" e por ele próprio constituir-se em um deles, porque também é capaz de mudar enquanto perdura, pondo em cena, interrogando e obrigando os leitores a interrogar lugares-funções-símbolos da nossa memória individual e social, capazes de durar enquanto se transformam e que, por isso, exigem um trabalho permanente de decifração.

A história dos "lugares de memória", ainda segundo Hartog, é uma história do presente, como os romances

---

9   "Comment écrire l'histoire de France?", *in Magazine Littéraire*, fev 1993, n. 307.

de Antonio Callado, que se fazem com recuo mínimo em relação aos acontecimentos que focalizam. Como já vimos, e conforme ele nos conta em *Tempo de Arraes*, enquanto *Quarup* se gestava, a história avançava mais rápida, atropelando o romance, porque o golpe de 64 surpreendeu a todos e fez envelhecer de um dia para o outro ideias, sonhos, certezas, palavras, atitudes e livros, que se supunham muito atuais.

Por isso, *Quarup* que queria a princípio comemorar, como um novo *Retrato do Brasil*[10] vinculando diferentes brasis por diferentes ritos, do Xingu ao Sertão, com rápidas passagens por rituais menos nobres no Rio de Janeiro, acaba encenando a distância entre os "lugares de memória" do Brasil pré-golpe e o "não lugar", a não memória que a tecnocracia dos militares traz à luz com a pós-modernidade de um Brasil que logo seria integrado, não pela revolução mas pela Rede Globo.

Assim, o romance faz aparecer a verdadeira ruptura epistemológica que a ditadura representou para toda a intelectualidade brasileira, provocando a interrogação que, segundo os comentadores do livro de Pierre Nora, é típica dessa nova história: a interrogação "sobre o que somos à luz do que não somos mais".

Quarup é ficção muito próxima da história, mas, ao contrário desta, não precisa retroagir nos séculos para in-

---

[10] Referência ao livro de mesmo nome, de Paulo Prado, publicado em 1928.

terrogar o presente. A interrogação se faz pelo confronto de dois tempos e dois modelos sociais simultaneamente vividos: a sociedade indígena, ainda legível nos restos do presente (ou a sociedade que ela pode inspirar num futuro utópico encarnado na luta camponesa) e a sociedade branca, citadina, capitalista e americanizada, depois de afrancesada, do Brasil litorâneo.

Uma das cenas mais interessantes do romance, nesse sentido, é a cena da festa do *quarup*, desenrolando-se simultaneamente aos acontecimentos que, no Rio de Janeiro, precipitam a morte de Getúlio e que chegam aos intelectuais no Xingu através do rádio. O desencontro total entre os dois mundos fica aí evidente pela narração truncada da festa indígena, das notícias provindas do Rio de Janeiro com a sua repercussão junto aos brancos e do amor frustrado de Falua e Ramiro por Sônia, bem como do sumiço desta e de Anta, único encontro possível num mar de desencontros. Apanha-se aí, no confronto Xingu-Catete, o fracasso de uma utopia que tinha o índio como inspiração. E antecipa-se o fracasso da revolução, prefigurando a abertura de uma nova era, a era da ditadura que logo se iniciaria.

Marc Augé fala de uma ambição antropológica como pano de fundo dessa história que é história da atualidade, já que ela se interroga sobre a eficácia de símbolos no meio dos quais nós nos encontramos. Essa é também a

interrogação permanente de *Quarup*, daí sua historicidade, de ficção que conta, faz e é história. Daí também
o livro colocar-se ele próprio como um símbolo ambíguo
a decifrar, o que o faz durar como obra de arte, falando a
várias gerações em diferentes línguas e lugares.

Em *Quarup*, como vimos, é central também a presença dos índios e da sua luta pela sobrevivência ao processo
de exterminação progressiva de que são vítimas até hoje.
A sensibilidade do autor para o drama dos índios brasileiros foi despertada ainda na infância, especialmente pela
influência de seu avô materno, cujas histórias e escritos
sobre índios brasileiros o menino Antonio ouviu e depois
leu, impregnando-se delas para escrever a peça de teatro
Frankel (1955) e, mais tarde, romances como *Quarup*, *A
expedição Montaigne* (1982) e *Concerto carioca* (1985).

Unindo num único romance a luta pela conquista da
terra feito por camponeses e índios, aliados aos intelectuais que a ela queriam servir, Quarup acaba construindo
uma utopia que será depois desconstruída pelos romances posteriores do que poderíamos chamar de o "ciclo
da ditadura". Esses escritos ganham assim uma nova
dimensão, fazendo a cada dois ou três anos a crônica de
acontecimentos catastróficos, numa espécie de história
desencantada do presente. Mas ainda há esperança de,
se não evitar, pelo menos registrar e guardar na memória
para as próximas gerações os massacres e a resistência. E,

se a memória do exílio está aí, está também a saga da volta e da colheita dos despojos da ditadura e dos retalhos da resistência, que começa a inventariar, com muita crítica e autocrítica, desde *Bar don Juan* (1971) e *Reflexos do baile* (1976), até *Sempreviva* (1981), *Concerto carioca* (1985) e *Memórias de Aldenham House* (1989), como veremos mais adiante. Antes, é preciso ir um pouco mais fundo na análise para entender a atualidade de *Quarup*.

Num tempo em que a Europa ocidental começa a repropor as identidades nacionais, procurando ultrapassar, não sem conflitos, os nacionalismos em que vários países estão refundando e afundando suas nações em guerras sangrentas, um livro que pareceria retrógrado (crítica que o romance incorpora, tematizando o seu aparente anacronismo) por buscar a nação em tempo de internacionalização, revela-se atual e pertinente, quando os países da América Latina, sem terem ainda sequer se constituído como verdadeiras nações, são constrangidos a darem o salto para a internacionalização, como forma de resistir ao seu desaparecimento do mapa mundial, retraçado pela nova configuração de alianças europeias, asiáticas e norte-americanas.

Mas como *Quarup* consegue isso? Que recursos utiliza para superar as contingências que o geraram e alçar o voo até os dias atuais, enquanto arte capaz de despertar os sonhos da história, como queria Walter Benjamin?

Muitos são esses recursos que vão do reaproveitamento de obras marcantes da literatura brasileira, dos cronistas a Guimarães Rosa, até a abertura para o que há de mais atual na ficção europeia contemporânea, de Joyce e Thomas Mann ao *Nouveau Roman*, mas também do que há de mais clássico, como *A divina comédia*, de Dante.

Não seria possível mostrar detalhadamente, neste pequeno livro, o trabalho paciente do escritor que buscou adequar o estilo à matéria multiforme com que trabalhou, utilizando para isso do mito à reportagem, do discurso indireto-livre ao monólogo interior, da prosa lírica à paródia, lançando mão tanto de metáforas sublimes quanto de palavrões e gírias, quando cena, cenário e personagens assim o exigiam. Destaco, no próximo item, apenas dois desses recursos, aliás, estreitamente vinculados um ao outro: o contraponto de discursos no retrato plural do Brasil e a paródia na análise das relações entre intelectual e povo.

Acervo Iconographia.

Nem lero nem clero

Romance polifônico, *Quarup* confronta discursos para traçar um retrato plural e fragmentário do Brasil, o único possível. E, ao confrontar esses discursos, vai desvendando a fragilidade das visões de Brasil e das soluções para o Brasil, que a intelectualidade (padres, médicos, jornalistas, engenheiros, militares, antropólogos, entre outros) tem a oferecer.

Recapitulemos rapidamente um inventário dessas visões e discursos que, no livro já referido, estudei com mais detalhes:

Para Hosana, o padre rebelde e descrente de uma igreja movida por interesses ainda estranhos ao ingênuo padre Nando do início do livro, à sua própria história, à de Nando e à do Brasil é a história de um abandonado por Deus, a história da "difícil digestão do Deus decomposto". Para Falua, o jornalista que gosta de cheirar lança-perfume, o Brasil é um país drogado, complexado, país de droga e carnaval, o mesmo país que, mais tarde, vai ser cantado festivamente como "sem pecado do lado de baixo do Equador". Para Ramiro, o médico-burocrata do chamado, eufemisticamente, "serviço de proteção aos índios", o Brasil é um país da doença e sua doença maior vem de copiar os Estados Unidos, afastando-se da matriz francesa. Nossa vocação legítima, segundo ele, é a de Chile do atlântico. Por isso, quando sua amada Sônia foge com o índio Anta para o meio da floresta, depois de buscá-la numa excursão malograda, contenta-se em procurá-la em... Paris. Para Lauro, de tendência integralista, a saída do Brasil é retrilhar as sendas que as narrativas lendárias abriram, buscando num índio abstrato as raízes da brasilidade. Para os holandeses, Leslie e Winifred, o Brasil é uma república de estudantes e o caminho é o matriarcado, fundado no culto de Maria contra o Deus-homem. Para Levindo, o estudante-mártir, o Brasil é o centro do país que precisamos descobrir e explorar, voltando-nos para dentro de nós mesmos contra as influências de fora. Para Vilar, confiante na modernização, o Brasil só se constrói abrindo estradas de norte a sul, aproximando centro e periferia, litoral e interior e sanando as desigualdades pelo progresso. Os seus "lugares de memória" são aí substituídos por lugares de passagem, ou por um "não lugar"; num projeto pós-moderno. Para Otávio, o líder comunista, o Brasil é o país pobre, Brasil-senzala, celeiro dos Estados Unidos e seu projeto, como o do Partido Comunista no momento, leva-o a aceitar a aliança com a burguesia nacional contra o inimigo supostamente maior: o imperialismo norte-americano. Para Fontoura, o antropólogo que se dedicou aos índios até a morte, o Brasil é o inimigo, é o litoral que destrói o índio e é preciso atacar para salvá-lo. O índio é o não Brasil, o anti-Brasil. O projeto de Fontoura é inviável e ele o sabe, por isso se destrói com a ajuda da bebida; por isso acaba morrendo corroído pelas saúvas, como o próprio centro do Brasil que procura. Porque o litoral chegou lá: saúva, capitalismo, doença e corrupção mataram o não Brasil. O Brasil matou o Brasil, levando a melhor contra a vida, a natureza, os índios e aqueles que tentaram defendê-los.

Finalmente, o Brasil de Nando é o que mais evolui, porque ele, ao longo do livro, vai incorporando, antropofagicamente, os brasis dos outros, transformando-os e redefinindo suas próprias visões, seu discurso e sua prática. Do Brasil missioneiro, paradisíaco das missões comunistas-cristãs, ao Brasil dos índios do Xingu a serem catequizados para Deus; do Brasil dos índios do Xingu, a serem protegidos da catequização branca, ao Brasil das Ligas Camponesas, da revolução que vem chegando, pacífica promessa; do Brasil, pátria insatisfeita na mão de políticos apressados e predadores que não aprenderam a paciência do amor trabalhado e trabalhoso, ao Brasil do exílio em terra própria, pátria que viaja abandonando seus filhos ao desamparo. Do Brasil, visto como um novo paraíso natural, onde a missão única seria amar e deixar-se amar, ao Brasil ressuscitado para o heroísmo redentor pelo *quarup* branco, pelo ritual de morte e renascimento de Levindo, um Brasil mulato e mameluco, renascendo das cinzas e buscando energias novas no sertão. O Nando-Levindo do final renuncia a toda palavra e a todo amor que não tenham poder transformador, porque marcados pelos limites de classe, e tenta reaprender a agir eficazmente com a ajuda do homem simples, encarnado no seu companheiro de viagem: Manoel Tropeiro.

As partes finais do romance, intituladas "A praia" e "O mundo de Francisca", reafirmam essa opção que tem seus pontos de contato estreitos e inusitados com a opção de Sônia, entranhando-se no mato definitivamente com o índio Anta. O movimento, apesar das diferenças, é o mesmo: da civilização para a barbárie, em busca de uma civilização outra; da palavra para o silêncio, em busca de uma comunicação mais verdadeira; de um nome para outro, em busca de si.

Não por acaso é Sonia que, pela primeira vez, critica o palavreado vazio dos intelectuais. Na cena em que Falua, Otávio e Ramiro discutem sobre a sorte de Getúlio às vésperas do suicídio, diz Otávio: "Precisamos socorrer Getúlio Vargas". A conversa prossegue no mesmo tom, expressando a impotência dos intelectuais para mudar o curso da história. Sônia aproveita para sair discretamente, encontrar-se com Anta e fazer amor na beira do rio. Ao

34

voltar, ouve de Falua: "Gegê vai mesmo, para o beleléu" e mais outros palpites sobre o grave momento de Getúlio e do país. Logo ao entrar, ela percebe que ninguém notara sua ausência, porque estavam todos entretidos no diálogo que não avançara em nada. Comenta, então, para si e para nós, leitores: "o mesmo lero".

Hoje, relendo isoladamente o final de *Quarup*, podemos julgá-lo envelhecido: um projeto de intelectual que parte em missão, ainda redentor, ainda padre. E tenderemos a parodiar a prostituta sensível e crítica: o mesmo clero, senão o mesmo lero... Mas, se lermos esse final à luz das cenas anteriores, em que tínhamos visto processar-se o abandono da Igreja e a lenta aprendizagem da humildade pelo intelectual depois de vários fracassos, a superação dolorosa das ilusões que vão da catequese ao palavreado pretensamente revolucionário, o mesmo final pode ser relido como a afirmação de uma utopia a se reconstruir sobre novas bases e para a qual nós, intelectuais brasileiros, ainda não estamos suficientemente preparados.

Afinal, depois das críticas que fizemos ao nacionalismo, ao populismo, ao iluminismo, quando parecia que tínhamos aprendido a lição de humildade que o golpe nos ensinou a duras penas, eis que os ventos da abertura e da Nova República tornaram a nos confrontar com velhos esquemas, palavras e atitudes da década de 1960, a começar pela mitificação do chamado método Paulo Freire, aplicado muitas vezes contra ele mesmo, porque mecanicamente.[11]

Quem teve oportunidade de participar desse processo, em 1960, como estudante, e em 1990, acompanhando de perto os projetos da Secretaria de Educação da Prefeitura de São Paulo dirigida por Paulo Freire, não pode deixar de ler em *Quarup* um alerta e um questionamento ainda atual do iluminismo dos intelectuais e da crença fetichista na palavra. Voltamos então a reler aí cenas que podem passar desapercebidas, redescobrindo nelas uma crítica radical ao projeto iluminista e à retórica dos intelectuais que se propõem como líderes do povo.

Lembremos a cena em que Nando observa Francisca alfabetizando os camponeses, na parte do livro, intitulada, não por acaso "A palavra". Lê-se aí que a luz do projetor acendia a cara dos camponeses, "repetindo por fora o trabalho de escultura que a palavra fazia por dentro". A luz do projetor, no caso, é a figuração do projeto iluminista

---

[11]   Apesar da autocrítica permanente de Paulo Freire e das tentativas mais independentes de atualizá-lo e recriá-lo, superando-o, dialeticamente, a tendência a simplesmente repetir o Paulo Freire da década de 1960, especialmente de alguns capítulos do livro *Pedagogia do oprimido*, lidos como receituário, continua existindo. Uma amostra do que foi o processo contraditório da reforma curricular pela via da interdisciplinaridade, apoiada na noção de tema gerador, durante a gestão de Paulo Freire na Secretaria Municipal de Educação de São Paulo, de 1989 a 1991, pode ser lida no livro *A ousadia do diálogo*, São Paulo, Edições Loyola, 1993.

que acredita possível esculpir as consciências pela palavra, magicamente incorporada como potência libertadora.

Prosseguindo na mesma cena, temos a lição do cla, cle, cli, cló, clu:

– Cla – disse o camponês.

– Classe clamor – disse Francisca,

– Cle.

– Clemência.

– Cli.

– Clima.

– Clu.

– Clube do cla-cle-cli, da classe – clamor e reclamação.

– Eu.

Outro *slide* e disseram:

– Re.

– Pensem em *cla*sse e *cla*mor – disse Francisca enquanto colocava o *slide* com o pronome e o verbo.

– Eu re – disse um camponês.

– Eu remo! – disse outro.

– Eu clamo! – disse outro.

– Eu sei professora, eu sei Dona Francisca. Eu reclamo!

– Reclamar vocês todos sabem o que é – disse Francisca.

Os camponeses riram.

– Só que precisam reclamar cada vez mais. Reclamar tudo a que vocês têm direito. Direito também vocês sabem o que é. Direito que todo homem tem de comer, de ganhar dinheiro pelo trabalho que faz, de votar em quem quiser em dia de eleição.

– O voto é do povo – disse um camponês.

– O pão é do povo – disse outro.

– Isto mesmo – disse Francisca –, mas vamos deixar as lições passadas e aprender a de hoje. Nosso Estado tem um...

– Governador – disse um camponês.

– E o Brasil – disse Francisca – tem um...

– Presidente da República.

– Muito bem. Todo país tem seus Governadores e tem um Presidente. Mas agora o mundo tem um Governo que conversa com todos os Governos. O Governo dos Governos se chama Nações Unidas, quer dizer a União de todas essas Nações. Cada Nação tem uma lei, que manda em todos, e que se chama... Quem é que se lembra?

– Lei Áurea – disse um camponês.

– Não – disse Francisca.

– Essa foi a que acabou com os escravos? – disse um camponês.

– Isso mesmo – disse Francisca – a Lei Áurea foi o decreto da Abolição, quer dizer, que aboliu, acabou a escravidão dos negros no Brasil. Mas tem uma lei que governa todos nós. A Cons...

– Constituição – disse um camponês.

– Muito bem – disse Francisca –, cada país tem sua Constituição. Mas as Nações Unidas, que é o Governo de todos os países, tem uma declaração. Chama-se Declaração dos Direitos do Homem. E está ali escrito tudo a que os homens têm direito, que é coisa feito pão, saúde, educação, voto.

Como se vê, a moça, que ao primeiro sinal de perigo vai fugir para a Europa, é quem dita palavras de ordem aos camponeses. E a aula tida por revolucionária, acaba aproximando-se, pela inculcação de verdades prontas, e pela confiança acrítica nas instituições (da Constituição brasileira que estava sendo rasgada à ONU que, na sua inércia, nos reserva surpresas preocupantes até hoje), do que pode ser tido por seu oposto: a aula de moral e cívica inventada pela ditadura.

Para Francisca e para os intelectuais do livro e da vida brasileira de então (temo que para muitos ainda hoje), o camponês sem saber ler, escrever, distinguir entre constituição, declaração, lucro, imperialismo, coronelismo, remessa, não é gente. Diz ela: "E não sei de coisa nenhuma que eu pudesse fazer como artista que me desse a alegria de transformar essa gente em gente".

Callado coloca isso de passagem, sem dar sua opinião por meio do narrador, nem diretamente. Mas, avançando no livro, vemos que existe aí uma dimensão crítica com respeito à crença abusiva dos intelectuais em si próprios e na civilização da palavra escrita. Sobretudo, isso se torna evidente quando aproximamos a cena anterior à cena da prisão dos camponeses, outro ponto alto do livro, como se pode ler no exemplo a seguir:

Os camponeses estão na praça, a polícia chega e vai fazendo as prisões. Os rádios-portáteis vão sendo ligados e transmitem fragmentos do discurso de despedida de Miguel Arraes, que jurava resistir em nome do voto popular. Logo a seguir, os rádios são confiscados pela polícia e os retalhos da lição de Francisca, citada anteriormente, são retomados parodicamente pelos camponeses:

Os camponeses do grupo de Hermógenes e os que estavam mais por perto tremeram de raiva e bem que quiseram dizer alguma coisa e um deles se lembrou da frase inteira da Lição 74, a qual disse em voz alta:

— Isto não é democracia, governo do povo?

— Que é que tu está falando aí? — berrou um soldado na cara dele.

Feito menino que assobia no escuro o camponês saiu com o resto da lição:

— Cra, cre, cri, cro, cru. Escravo.

Os outros acompanharam diante dos soldados bestificados.

— Credo, criança, crônica, crua.

— Cra, cre, cri, cro.

— Silêncio!

— Cruuuuuuu!

— Pros carros os que estão gritando! — ordenou o tenente — O mais que se disperse.

Foram tocados para dentro dos carros aos empurrões por soldados pálidos que por desconhecerem a Lição 74 acreditavam na súbita loucura daqueles homens um momento atrás tão silenciosos e mansos.

– DECRETO, CRISE, LUCRO!

– O BRASIL CRESCE COM CRISES MAS CRESCE. DEMOCRACIA, CRA, CRE, CRI, CRO, CRU!

Dois tintureiros cheios de camponeses aos berros saíram pelas pontes e fizeram muita gente voltar a cabeça com aquele ruído de propaganda eleitoral ou comercial que brotava dos carros herméticos:

– ESCRAVO, ESCRAVO, ESCRAVO! CRA! CRU!

A cena é ambígua. O grito dos camponeses, recitando a lição 74, por um lado pode ser lido como grito heroico de resistência do sertanejo "antes de tudo um forte", para usar a célebre expressão de Euclides da Cunha. Mas, por outro lado, pode ser lido como a repetição mecânica de uma lição agora inútil, pelo camponês, abandonado por todos os deuses (da religião e da revolução). A palavra-protesto, luminosa, vira sombra, berro irracional, pranto patético, loucura.

Voltando a Franklin de Oliveira, podemos concordar quando ele diz, no mesmo texto citado no início, que *Quarup* é o romance da crise que mais demoniacamente já feriu o Brasil. Sobretudo se pensarmos na atualidade do problema indígena e na importância do fenômeno das Ligas Camponesas que, como nos mostra Chico de Oliveira em *Elegia para uma re(li)gião*, não por acaso, a CIA ajudou a arrasar. Aliás, nenhum trabalho escrito até hoje sobre o livro de Callado, incluindo os meus próprios, conseguiu explorar suficientemente a bela síntese, a profunda reflexão político-antropológica, contida na metonímia sobre a qual se apoia o romance, aproximando realidades e protagonistas tão distintos e, ao mesmo tempo, tão semelhantes: o índio do Xingu e o camponês nordestino.

Mas quando o mesmo Franklin de Oliveira define o romance como "circularidade, terra, chão, paisagem, céus, plantas, águas, a coisa cosmos e a coisa homem congregados em compacta coesão", eu digo não, pois entre a coisa cosmos e a coisa homem se interpõe a palavra, não mais coisa. Ao tornar isso palpável, o livro exige o silêncio do intelectual e impõe-nos a desconfiança do fascínio que a palavra exerce sobre nós e do poder que, através dela, exercemos sobre os outros.

Nessa caricatura da aula de Francisca, feita pelo verbo desconexo dos camponeses jogados à sua própria sorte, impõe-se a necessidade de arearmos as palavras e de respeitarmos o homem e a mulher pobres que delas desconfiam, se quisermos insistir no desejo de inventar um novo mundo para o qual, apesar do fracasso da revolução no Brasil e do chamado socialismo real no mundo, a viagem de Nando e Manoel Tropeiro continua apontando: um mundo novo em que o vero, o justo e o belo tomem o lugar do clero e do lero.

Quarup, antes e depois: do íntimo e do social

Caracterizando o romance brasileiro posterior a 1930, Alfredo Bosi considera que, ao lado das tendências experimentais (seguidoras do novo romance francês), há três outras correntes: a intimista; a nacional-popular, do romance político e social; e a tendência do romance religioso (as três, ainda, desenvolvendo vertentes abertas em 1930). Ele vê pontos de contato entre as duas últimas, porque "ao lado das reações políticas, *stricto sensu,* há um retorno das consciências religiosas às suas fontes pré e antiburguesas" que se manifesta na obra de escritores como Otávio de Faria e Lúcio Cardoso, por exemplo, no Brasil. No estrangeiro, são representantes dessa tendência, entre outros, Saint-Exupéry, Bernanos, Julien Green e Graham Greene, este último frequentemente citado por Antônio Callado. Para esses escritores, diz ainda Alfredo Bosi, "o problema do engajamento, qualquer que fosse o valor tomado como absoluto pelo intelectual participante, foi a tônica". O autor de *Quarup* começou a produzir sob essas mesmas coordenadas e sua ficção traz a marca do pensamento católico, impregnando projetos estéticos e políticos seus e de boa parte da esquerda brasileira. Trata-se de uma combinação no mínimo polêmica.

A tensão entre o exterior e o interior se expressa em *Quarup* pela metáfora do centro. A busca do centro geográfico figura a busca de uma unidade nacional, o desejo de integração do país, mas é também, como diz Ferreira Gullar, busca de sentido para a vida de cada um. Assim é que, ao sair atrás da sua utopia, de um novo paraíso brotando do Brasil Central, ou depois de uma revolução sem violência, a partir do Nordeste, padre Nando está perseguindo o seu próprio centro, procurando definir a sua própria identidade que, como o centro geográfico, parece recuar à medida que a expedição se desloca ou, quando alcançado, aparece minado pelas saúvas.

Assim como as pessoas, perseguindo as suas próprias obsessões, alteram a vida social, as transformações sociais repercutem fundo nelas, obrigando-as a retraçar seus projetos individuais. Por isso, depois do fracasso de 1964, reinventar a revolução exige um trabalho prévio, no sentido de descobrir caminhos novos dentro de si mesmo. Reinventar a revolução é para Nando reinventar o homem e os deuses. E, nessa nova invenção, ele aproveita algo do que aprendeu na Igreja, entre os índios e com as mulheres, praticando a arte de amar. A utopia revolucionária de Nando e essa nova religiosidade bebem muito na fonte da civilização indígena, mas também nas heresias do matriarcado. E o signo da Virgem Maria, cultuada no passado pelos portugueses, relembrado por Vieira no *Sermão da Nossa Senhora do Ó* e reinventado em Francisca ou Lucinda (as mulheres-terra-mulheres-flor), que permite sustentar a possibilidade de plantar sementes de um mundo novo onde "Francisca é o centro de Francisca".

Essa "identificação da mulher com a terra, do sexo com o centro do país (veja-se a cena de amor de Nando e Francisca entre as orquídeas) e do centro do país com o centro da vida – o sentido da existência – define a necessidade de integração global", que Ferreira Gullar localiza em *Quarup* e que permanece no horizonte dos romances posteriores, apesar de todo o empobrecimento da dimensão utópica que se observa neles. Callado é um tanto profético, também nesse sentido, porque meio reichiano e marcusiano, antes de Reich e Marcuse terem virado moda no Brasil. Liberando suas energias sexuais, padre Nando pode engajar-se numa ação social transformadora, assim como é na violenta contenção das forças revolucionárias que tem raízes a esterilidade de Gil-escritor (*Bar Don Juan*), e é isso também o que mina a vida interior de cada um de seus companheiros, tornando frágil e quase impossível até mesmo o amor.

Nos romances de 1970, rompem-se as certezas revolucionárias e a unidade possível entre amor e revolução, entre literatura e política. De um lado, ficam os revolucionários, buscando juntar pedaços de uma guerrilha esfacelada; de outro, homens querendo viver sua vida, amar ou escrever seus livros. Mas a opção não é tranquila. Há dúvidas e angústias desorganizando os livros, rompendo os elos, destruindo as pessoas.

O drama de Gil, escritor de *Bar Don Juan*, que desiste de fazer o romance das revoluções falhadas *(Quarup)*, distribuindo aos amigos as anotações que fizera para isso (sobre 1922, 1924, 1930, 1935...), é o drama de Callado e dos escritores de 1970, quando o tempo não está para utopias e mal se pode constatar a realidade como ela é, quanto mais imaginar como deveria ser (façanha que, segundo Ferreira Gullar, *Quarup* realizava).

O que se mantém na obra de Callado, sob a crítica da Igreja como instituição fechada e cúmplice das classes dominantes, e sob o ceticismo cada vez maior dos últimos romances, é a confiança no poder do sentimento religioso, no seu potencial revolucionário. *Assunção de Salviano* e *A madona de cedro* são marcados por nítida preocupação religiosa, que é tema e, até mesmo, elemento estruturante da narrativa.

Daí a insistência em certos arquétipos, como o padre Cícero, Antônio Conselheiro ou mesmo Cristo, lembrando-nos sempre que as forças de repressão percebem o perigo desses mitos quando eles ameaçam reencarnar, seja em Salviano, seja em padre Nando, em Levindo ou no Beto, de *Retratos do baile*, rei das trevas e das águas. Trabalhando com esses arquétipos e com a imagem do pecado, da culpa, da penitência, do martírio e da salvação, com as antinomias do bem e do mal, de Deus e do diabo, entre as quais os personagens se debatem ao longo de suas histórias, Callado abre dimensões sociais já nos dois primeiros romances, antecipando certos aspectos que desenvolverá mais tarde em *Quarup*.

O primeiro romance de Antonio Callado, *Assunção de Salviano*, conta a história de Manuel Salviano, marceneiro de Juazeiro, na Bahia. A princípio ateu, ele tem ligações com Júlio Salgado, elemento do Partido Comunista, sendo ambos inimigos da Igreja e dos padres. Um dia, Salgado propõe a Salviano que se faça passar por beato para conquistar a simpatia e adesão dos camponeses da região, roubando-os à influência dos padres. O fingimento devia durar algum tempo e, no dia da procissão de Nossa Senhora da Glória, Salviano revelaria a mistificação ao povo, depois de ver a Igreja desmoralizada.

Mas Salviano, ao bancar o beato, vai ele mesmo se convencendo e se convertendo. Torna-se um místico, para espanto e raiva de Salgado e de Irma, sua mulher, que não conseguia descobrir o que havia transformado tanto o seu marido, antes tão avesso às coisas de religião. Um vendedor ambulante, conhecido de lrma, acaba desconfiando da existência de alguma trama, envolvendo Salgado, João Martins (companheiro de Salgado) e Salviano. Salgado mata o vendedor ambulante e incrimina Manuel Salviano, escondendo a mala da vítima na casa deste. Salviano é preso e se nega a denunciar o ex-companheiro, porque parece querer morrer, cumprindo uma espécie de missão própria dos grandes mártires.

Na prisão, sete dias sem comer, em verdadeira penitência, vive em meditação até a morte, recusando a ajuda que Rita (mulatinha apaixonada por ele e que tudo descobrira) lhe oferece. Enquanto Salviano morre, o povo protesta do lado de fora da prisão, liderado por Rita, querendo vê-lo, como a pressentir o desenlace. O padre, o delegado e Júlio Salgado, embaraçados e com medo das consequências da revelação da morte de Salviano, resolvem escondê-la do povo e providenciam a retirada do corpo pelo telhado da cadeia. Quando Rita consegue entrar na prisão e, atrás dela, a pequena multidão de fanáticos, todos olham para o telhado aberto contra o céu, e tudo é visto como se fosse um grande milagre: "Subiu aos céus!" é a exclamação que encerra a cena.

Assim, o beato de *Assunção de Salviano*, espécie de Antônio Conselheiro, ou padre Cícero renascido na Bahia, prefigura personagens da nossa história recente, representando uma força popular contrária à Igreja, comprometida com o latifúndio, mas contrária também ao

Partido Comunista e aos seus esquemas abstratos de uma revolução pensada de cima para baixo.

Já o padre de *A madona de cedro,* com sua obsessão em fazer um trabalho mais útil junto aos índios da Amazônia, prefigura o padre Nando e a sua profunda insatisfação com a vida de sacerdote tradicional, centelha a empurrá-lo, como *à* personagem de *Quarup,* para fora da Igreja, em busca de uma ação social transformadora.

Publicado em 1957, o romance *A madona de cedro* conta a história de Delfino Montiel, pequeno comerciante de objetos feitos em pedra-sabão, dono de uma lojinha em Congonhas do Campo, Minas Gerais. O livro se abre com Delfino recordando acontecimentos de sua vida, de anos atrás, que ocorreram na quaresma. Sendo agora também época de quaresma, as lembranças voltam com mais força, ocupando boa parte do romance e, consequentemente, das atenções do leitor. Ficamos então sabendo que Delfino se apaixonara por Marta, moça do Rio de Janeiro com quem efetivamente viria a se casar. Mas o casamento teve um preço alto para ele e esse é o nó de toda a questão. Para casar-se, Delfino precisava de dinheiro, pois o pai da moça só consentiria se o rapaz comprasse antes uma casa.

Um amigo de infância, Adriano, oferece-lhe os meios de resolver o problema, propondo-lhe que roube para seu patrão (o sinistro Juca Vilanova) uma imagem da Virgem, esculpida pelo Aleijadinho e pertencente à igreja da cidade. Roubando essa imagem e fotografando outra (de Judas), ele poderia ganhar a quantia que necessitava para a compra da casa. Valendo-se da confusão reinante na cidade em dia de procissão e da confiança do padre Estêvão, que lhe empresta a chave da capela onde está a estátua de Judas, Delfino cumpre as duas tarefas. Dez anos depois, ao recordar Delfino o fato, seu drama recomeça.

Marta, agora sua mulher e mãe de dois filhos, quer que Delfino volte a se confessar, pois não o faz desde a época do roubo, que, naturalmente, ela ignora. Quando Delfino está prestes a se confessar, movido pela insistência de Marta e do padre, ressurge o velho amigo Adriano com outra proposta e outra ordem de Juca Vilanova: devolver a imagem da Virgem, roubada no passado, e roubar a outra, antes apenas fotografada, de Judas. Depois de muita indecisão, Delfino propõe-se a restituir a imagem da Virgem ao seu antigo lugar, mas recusa-se a roubar a outra. Tudo parece correr bem, mas, no momento em que Delfino recoloca a imagem no altar, de repente, a igreja se fecha e ele se vê encerrado lá dentro, sozinho e com medo de ser surpreendido e descoberto por todos quando abrissem a igreja na hora da procissão. Para que isso não aconteça, quando abrem a porta, Delfino se oculta no caixão que ali estava, com a estátua de Cristo, pronto para ser carregado pela multidão através das ruas da cidade. Dessa forma, Delfino sai no lugar de Cristo em procissão.

Quando, por fim, o reconduzem de volta à igreja e a multidão se retira, sem nada suspeitar; Delfino, julgando estar sozinho, levanta-se no caixão, matando de susto uma velha beata. O padre Estêvão, que também está na igreja, finge não vê-lo. Quando Delfino o procura mais tarde, para confessar finalmente suas culpas e a confusão armada, o padre está em êxtase, dizendo que viu um milagre. Pensando que ele se refere à sua aparição na igreja, como um Cristo ressuscitado, Delfino perde a coragem e não confessa. Mas Marta, já informada de tudo, o repreende duramente.

Delfino volta desesperado à procura do padre, que então lhe explica que sempre soubera não ter visto o Cristo ressuscitado. Seu êxtase e sua alegria provinham de outro motivo: uma certeza que finalmente, após anos de hesitação, lhe viera de que deveria partir para a Amazônia, cumprir um velho sonho de ser missionário. Delfino então confessa-lhe tudo e o padre o perdoa, mas lhe impõe uma penitência: atravessar a cidade com uma enorme cruz às costas. A princípio ele reage, temeroso de cair no ridículo, mas depois resolve submeter-se, expondo-se ao sarcasmo, risadas, ataques e outras reações das pessoas que chocadas o veem passar com a cruz, considerando aquilo um sacrilégio. No final da longa caminhada, ganhando novas forças pela visão inesperada de Juca Vilanova, que lhe aparece como a própria figura do demônio a vencer, Delfino consegue chegar à porta da igreja, onde o aguardam o padre e Marta, com um sorriso de perdão nos lábios.

Dessa forma, podemos ler em *A madona de cedro,* embora timidamente, a prefiguração das profundas mudanças que se gestavam no interior da Igreja; e, em *Assunção de Salviano,* como disse Franklin de Oliveira, a ligação, por um "arco de fantasia", do "Juazeiro de Salviano ao Engenho Galileia".

Já os livros posteriores parecem um desdobramento de *Quarup*, aprofundando e atualizando, muitas vezes pela negação, algumas de suas múltiplas vertentes. O primeiro deles, *Bar Don Juan,* traça um painel da aventura guerrilheira no Brasil nos primeiros anos da ditadura. Costuma ser visto como uma crítica à chamada esquerda festiva, no tempo das guerrilhas. Na época, os intelectuais de esquerda, derrotados em 1964, acalentavam o sonho de fazer a grande revolução na América Latina, unindo-se a Che Guevara na Bolívia. O livro mostra esses intelectuais revolucionários falando mais do que agindo; na maior parte do tempo, fazendo seus planos num bar do Rio de Janeiro cujo nome se liga ao de João, um dos personagens centrais e marido de Laurinha, ambos presos e torturados algum tempo antes.

A história não é linear como em *Quarup*. Entremeiam-se cenas do presente, discussões do grupo no bar, ou de Laurinha e João (obcecado pela visão do torturador de sua mulher, que a violentara na sua frente, quando ambos estavam presos) e, paralelamente, momentos desse passado, da prisão ou da vida de cada personagem, antes de se engajar nas lutas revolucionárias. Também não há uma continuidade espacial, pois, ao lado das cenas no Rio de Janeiro, ocorrem outras na região do Araguaia, onde estão Joelmir e Gil, antigos companheiros que se cansaram de aguardar as instruções do comando central para irem juntar-se a Guevara. Aparecem ainda as atribulações deste na Bolívia, perseguido pela polícia.

Mas, mesmo em meio a essa simultaneidade, a história avança, pois o grupo do Rio resolve finalmente juntar-se aos companheiros do comando central, partindo em expedição para o Araguaia. Entretanto, ao encontrarem Joelmir e Gil, verificam que chegaram tarde: eles já "estão noutra". Joelmir, casado, não está mais disposto a lutar; Gil, descrente da revolução, quer escrever um livro sobre o amor e a natureza no centro do Brasil, onde pretende viver com Mariana, sua namorada. Na última hora, Joelmir e sua mulher resolvem acompanhar o grupo, mas todos são apanhados pela polícia, quando cruzam a fronteira num barco, portando as armas que pretendiam levar a Guevara.

Quase simultaneamente à morte dos brasileiros, metralhados no barco, Guevara cai nas mãos da polícia boliviana. Restam Mariana, Gil e Laurinha. Esta volta ao Rio de Janeiro, onde pretende buscar novas razões de continuar vivendo e lutando. Mariana, cansada da inércia da vida com Gil, que ela considera excessivamente voltada para a própria felicidade, abandona-o e vai para Cuba com uns amigos que escaparam com vida.

Esse romance revela as contradições e o despreparo de um grupo de jovens intelectuais cariocas, boêmios, que se envolvem com a guerrilha, motivados por Ernesto Che Guevara. Trata-se de um perfil psicológico dos adeptos do que à época se chamava "esquerda festiva", que nas mesas de botequim elaborava planos para tirar os militares do poder.

A história do romance seguinte, *Reflexos do baile*, transcorre em torno de um baile que será realizado numa embaixada. É uma história mais fragmentada do que a narrada no livro *Bar Don Juan*. No decorrer do baile haverá na cidade um corte de energia e uma enchente, provocados por um grupo de conspiradores que, durante a confusão, vão raptar um embaixador. O plano fracassa, pois a polícia o descobre e mata a maior parte dos conspiradores, entre os quais o líder Beto, ou capitão Roberto, e sua amante Juliana, filha de um embaixador aposentado, Rufino, que enlouquece quando sabe do seu envolvimento no plano. A visão completa de toda a história, com começo, meio e fim, só é possível ao término do livro, porque tudo se narra indiretamente através da troca de bilhetes entre os conspiradores, de cartas entre os policiais e entre os embaixadores e suas famílias. As falas dos personagens se alternam e é pela sua interação que se vão compondo a trama e o perfil de cada um, mantendo-se o narrador aparentemente neutro e distante.

Reflexos do baile mostra a necessidade de o escritor exercer o papel de informar. Callado faz isso de um modo que exige muita atenção do leitor, porque no mosaico dessa história nada é transparente, como tampouco o eram as histórias reais dos sequestros na época. Qualquer semelhança com a realidade brasileira, não é aí uma mera coincidência.

A partir de *Quarup*, a batalha entre Deus e o diabo se transfere definitivamente da arena interior do homem para a arena social. E, nesse terreno, daí para a frente, o escritor-repórter fará a cobertura da luta. Mas o romancista que deu os primeiros passos na esteira do romance católico, preocupado com as grandes batalhas desenroladas na consciência do homem, não abandonará o terreno íntimo. A tensão entre a perspectiva externa do romance histórico-político e a perspectiva interna do romance intimista, com maior ou menor insistência, será uma característica dessa ficção, de *Quarup* a *Sempreviva*, sendo que, nesse último, a opção parece ter sido mais radical, devido ao filtro subjetivo dos acontecimentos históricos contrariamente ao enfoque exterior, privilegiado em *Reflexos do baile*.

Sempreviva é a história de Quinho, um exilado que retorna ao Brasil ainda antes da abertura. E, nas palavras do próprio autor, "aqui vive essa volta em forma de pesadelo", envolto numa atmosfera de tempo congelado, de morte. Ele entra clandestinamente, pela Bolívia, e os brasileiros que encontra, em Corumbá e arredores, pertencem basicamente a dois grupos: o dos comunistas, aos quais se alia, e o dos policiais, disfarçados em caçadores de onça e fazendeiros, aos quais se opõe. Seu objetivo é achar os torturadores de sua mulher Lucinda, morta nas prisões do Rio de Janeiro em 1964, especialmente dois: o delegado Claudemiro Marques e o médico-legista Ari Knut. Desde o início, o tema do romance é o exílio em terra própria, pois, já na fronteira, Quinho vê o Brasil como uma terra mãe e madrasta, que ao mesmo tempo ama e expulsa, chama, atrai e mata.

Como se percebe ao longo do romance, a força que atrai, amorosa e ameaçadora, é irmã gêmea de Lucinda, a mulher-amante que surge desde os primeiros parágrafos. Sempre concreta e presente, como uma mulher de carne e osso, sua condição de morta, entretanto, vai se definindo à medida que se avança no romance e no labirinto da memória de Quinho. A parte inicial do romance conta como Quinho vai para Corumbá graças à ajuda de Jupira, sobrinha de Pepe, um boliviano comunista e contrabandista como Iriarte, pai da moça. Auxiliado por eles e especialmente por Jupira, com quem mantém um idílio, Quinho consegue infiltrar-se na propriedade do fazendeiro Antero Varjão, que, na verdade, é o policial disfarçado Claudemiro Marques. Dizendo-se escritor, Quinho descobre aí os vestígios das vítimas do policial (argentinos e uruguaios, exilados das ditaduras dos seus países), como também seus hábitos cruéis no trato dos animais da fazenda.

Num dia em que todos partem para uma caçada a onças, o vingador aproveita para ir até uma antiga senzala da fazenda, onde encontra os cadáveres das vítimas políticas e fotografa-os, obtendo as provas de que necessitava para denunciar os policiais. Em meio às suas investigações, chegam os caçadores, bêbados e cansados. Quinho resolve então eliminar Claudemiro, servindo-se de um estratagema. Todos dormem e ele espalha sangue de onça pelo corpo de Claudemiro. O resto fica por conta dos cães especialmente treinados para matar a caça que tem esse cheiro. Na voz do povo, o fato transforma-se numa história de caçador comido pela caça. "A vez da caça" é o nome dessa parte do romance.

O outro inimigo procurado e até esse momento não identificado, o médico-legista Ari Knut (agora usando o nome de Juvenal Palhano e sob o disfarce de inofensivo sitiante, conhecido de Jupira e Quinho), não acredita no acidente e resolve punir Quinho. No final, julgando-se a salvo, Quinho é, entretanto, abatido por uma coronhada de revólver de um dos capangas de Knut. Mas Knut também morre, picado por uma serpente venenosa, trazida sorrateiramente por Herinha, filha de Jupira. É a vitória final de Lucinda, espécie de deusa que tudo dirige nesse jogo, reconquistando Quinho, confirmando-se no seu papel de sempreviva (sempre noiva, flor eterna) e testemunhando a existência de uma força regeneradora para além ou desde o fundo do pantanal em que vivíamos.

Expressar essa realidade, tornada opaca, requer agora a superação dos caminhos realistas, já insuficientes. A desconfiança e a desesperança impõem o mosaico composto de fragmentos dos discursos quase ininteligíveis, como em *Reflexos do baile*, onde o escritor se mantém de fora, negando-se a socorrer o leitor interrogante; ou impõem a visão de dentro, repartida entre os diversos personagens, opção de *Sempreviva*, onde há um esforço do escritor em desvelar-nos, mesmo que por retalhos da memória, as suas vidas interiores. Em ambos os romances, o trabalho artesanal, a atenção para o detalhe, a técnica das alusões, tentam tornar sensível, pela linguagem mesma, o impenetrável da trágica realidade.

Os impasses do escritor na busca do sentido em meio ao fragmento, da qualidade estética do romance político, da legibilidade na realidade ilegível, transparecem talvez ainda mais em *Sempreviva,* que propõe uma visão quase freudiana da História, convidando-nos a descer aos porões de cada um para localizar as raízes do sadismo, no indivíduo, e do fascismo, na sociedade: os avessos dos tios Lulus, dos Shibatas/Knuts[12] e dos Fleurys/Claudemiros.

---

[12]   Knut retoma a figura sinistra de Shibata, médico-legista que colaborou com os militares, e Claudemiro retoma outro de seus coolaboradores, o delegado Fleury.

Acervo Iconographia.

Callado e a "vocação empenhada" do romance brasileiro

Embora se alimente de episódios quase coetâneos, muitos deles tratados em reportagens do autor, como vimos, a ficção de Antonio Callado transcende o fato para sondar a verdade, por uma interpretação ousada, irreverente e atual. E consegue tratar de forma nova um velho problema da literatura brasileira: sua "vocação empenhada",[13] para usar a expressão consagrada de Antonio Candido. Uma ficção que pretende servir ao conhecimento e descoberta do país. Mas o resgate dessa tradição do romance empenhado ou engajado se realiza aqui com um refinamento que não compromete a comunicação e com um caráter documental que não perde de vista a complexidade da vida e da literatura. Busca difícil, que termina resultando em uma obra desigual, mas, por isso mesmo, interessante e rica.

O jornalismo e suas viagens proporcionam ao escritor experiências das mais cosmopolitas às mais

---

[3] A expressão, para caracterizar o romance brasileiro a partir do Romantismo, é de Antonio Candido, no seu livro clássico *Formação da literatura brasileira*, de 1959.

regionais e provincianas. A experiência decisiva do jovem intelectual, adaptado à vida londrina, a quase transformação do brasileiro em europeu refinado (que falava perfeitamente o inglês e havia casado com uma inglesa) afinou-lhe paradoxalmente a sensibilidade e abriu-lhe os olhos para, segundo suas próprias palavras em entrevista, "ver essas coisas que o brasileiro raramente vê". É assim que ele explica seu profundo interesse pelo Brasil no final de sua temporada europeia, quando começou a ler tudo o que se referia ao país, projetando já suas futuras viagens a lugares muito distantes do centro onde vivia.

Da obra de Antonio Callado, em seu conjunto, transparece um projeto que se poderia chamar de alencariano, na medida em que seus romances tentam sondar os avessos da história brasileira, aproveitando para tanto, junto com os modelos narrativos europeus (sobretudo do romance francês e do inglês), os brasileiros, como Alencar, que tentaram interpretar o Brasil como uma Nação possível, embora ainda em formação. A ficção, como tentativa de revelar, conhecer e dar a conhecer nosso país constitui o projeto dos românticos e é, ainda, o projeto de Callado, que, como Gonçalves Dias, Graça Aranha, Oswald de Andrade ou (hoje, Fernando Gabeira) no exílio e a partir dele, redescobre o Brasil. Conforme ele próprio nos conta em vários depoimentos, os seis anos que viveu na

Inglaterra foram em grande parte responsáveis pelo seu projeto de trabalho (e, de certa forma, também de vida) na volta. As viagens, as reportagens, o teatro e o romance servem, daí para a frente, a um verdadeiro mapeamerno do país: do Rio de Janeiro a Congonhas do Campo; desta a Juazeiro da Bahia; da Bahia a Pernambuco; de Olinda e Recife ao Xingu; do Xingu a Corumbá, com algumas escapadas fronteira afora, para o contexto mais amplo da América Latina.

Obcecado pelo deslumbramento da redescoberta do Brasil, seu projeto é fazer um novo retrato do país, o que o aproxima de Alencar, depois da atualização feita por Paulo Prado e Mário de Andrade, e o converte numa espécie de novo "eco de nossos bosques e florestas", designação que Alencar usava para referir-se à poesia de Gonçalves Dias. Não faltam aí nem sequer os motivos da canção do exílio – o sabiá e a palmeira – retomados conscientemente em *Sempreviva*. Tampouco falta a figura central do romantismo – o índio – que aparece em *Quarup* e reaparece em *Expedição Montaigne* e *Concerto carioca*. E, nessa viagem pelos trópicos, vamos recompondo diferentes brasis, pelo cheiro e pela cor, pelos sons característicos, pela fauna e pela flora.

Mesmo nos livros posteriores a *Quarup*, onde se pode perceber um grande ceticismo em relação aos destinos do Brasil, permanece o deslumbramento pela exuberância da nossa natureza e as potencialidades criadoras do nosso povo mestiço. Vista em bloco, a obra ficcional de Antonio Callado é uma espécie de reiterada "canção de exílio", ainda que às vezes pelo avesso, como em *Sempreviva*, onde o herói, Vasco ou Quinho – o "involuntário da Pátria" –, é um exilado em terra própria. O localismo ostensivo, que amarra esse escritor ainda às origens do romance brasileiro, de uma literatura e de um país em busca da própria identidade (e até mesmo a um certo regionalismo, nos primeiros romances), tem sua contrapartida universalizante, desde *Assunção de Salviano*, transcendendo fronteiras e alcançando "os grandes problemas da vida e da morte, da pureza e da corrupção, da incredulidade e da fé", como já assinalava Tristão de Athayde, seu primeiro crítico. Aliás, do mergulho no local e no histórico é que resulta a concretização desses temas universais. Assim, pelo confronto das classes sociais em luta no Nordeste, chega-se à temática mais geral da exploração do homem pelo homem e das centelhas de revolta que periodicamente acendem fogueiras entre os dominados. Por meio da história individual do padre Nando, tematiza-se a situação geral da Igreja, dos padres e dos intelectuais que se debatem entre dois mundos. Pela sondagem da consciência de torturadores brasileiros, chega-se a esboçar uma espécie de tratado da maldade, que nos faz vislumbrar os abismos de todos nós.

O contato do jornalista-viajante com nossas misérias e nossas grandezas, sensibiliza-o cada vez mais para a "dureza da vida concreta do povo explicado" (Davi Arrigucci), que está presente em suas reportagens sobre o Nordeste e na luta dos camponeses pela terra e pelo pão e reaparece em seus romances. Em alguns deles, esse povo não é mais que uma sombra, cada vez mais distante do intelectual revolucionário e do escritor, angustiado justamente com sua ausência sistemática do cenário político e das decisões capitais da nossa história.

O tratamento do nordestino pobre (em *Quarup* e *Assunção de Salviano*) ou de um pequeno comerciante de uma provinciana cidade de Minas Gerais (*A madona de cedro*) parece aproximar o escritor daqueles autores românticos, que, como o polêmico Franklin Távora, defendiam o deslocamento da nossa literatura, do centro litorâneo e urbano, às regiões mais afastadas e subdesenvolvidas. Mas, em Callado, isso não se manifesta como opção unilateral, mas como evidência da tensão. O caminho, da reportagem à ficção, feito pelo autor de *Quarup*, pode ser comparado ao caminho da visão externa à do drama de Canudos, percorrido por Euclides da Cunha na sua grande obra dilacerada e trágica: *Os Sertões*. Da mesma forma aqui, guardadas as diferenças, o esforço do intelectual, formado nos centros mais avançados, para entender o universo cultural do Brasil subdesenvolvido, acaba sendo simultaneamente um esforço para indagar das raízes da sua própria ambiguidade como intelectual refinado em terra de "bárbaros".

No caso da abordagem do índio, a trajetória do padre Nando e de *Quarup* são exemplares como a conversão euclidiana. Documenta-se aí a passagem, do interesse livresco e do enfoque romântico que o levam no início a idealizar o Xingu como um paraíso terrestre, à vivência dos problemas reais do índio, contaminado pelo branco e em processo de extinção. Nando termina, chegando a um indianismo novo, em que o índio é tratado sem nenhuma idealização.

Mas Callado não só revela a miséria do índio. Aponta também, a partir de uma vida mais próxima à natureza, para valores que poderiam resgatar um tanto as perdas da civilização corrupta. Desencanto e utopia, eis aí uma contradição dialética, evidente em *Quarup*, e uma constante nos livros do escritor, nos quais a repressão, a tortura, a dominação e a morte aparecem sempre contrapostos à imagem da vitalidade, do amor e da liberdade, simbolizados geralmente por elementos naturais: a água, as orquídeas, o sol, que travam uma luta circular com a noite, os subterrâneos e as catacumbas.

É a dimensão mítica e transcendente que faz Salviano ascender aos céus (ao menos na boca do povo), em *Assunção de Salviano*; é ela que faz Delfino recuperar a calma e o amor depois da penitência, em *Madona de cedro*; é ela que permite, apesar de todas as prisões, desaparições e mortes com que a ditadura de 1964 reprimiu os revolucionários, que, no final de *Quarup*, Nando e Manuel Tropeiro partam para o sertão em busca da guerrilha, e que o já debilitado Quinho, de *Sempreviva*, ao morrer, uma vez cumprida sua vingança, se reencontre com Lucinda, a namorada morta dez anos antes nos porões do Doi-Codi.[14] Retomada na figura de Jupira e de Herinha, ambas também parentes da terra e das águas. Lucinda é uma espécie de símbolo dos "nervos rotos" mas ainda vivos da América Latina (alusão à epígrafe de *Sempreviva*, tirada de um poema de César Vallejo).

Essa ambivalência acha-se no próprio título do romance de 1967. O *quarup* é uma festa, por meio da qual, ritualmente, os índios revivem o tempo sagrado da criação. Em meio de danças, lutas e de um grande banquete, os mortos regressam à vida, encarnados em troncos de madeira (*kuarup* e *quarup*) que, ao final, são lançados na água. O ritual fortalece e renova a tribo, que tira dele um novo alento, transformando a morte em vida.

Como vimos, *Bar Don Juan*, *Reflexos do baile* e *Sempreviva* retomam as andanças do padre Nando, tentando retratar os diferentes brasis (das guerrilhas, dos sequestros, do submundo de torturadores e torturados). O que

---

14   Organização repressiva paramilitar da ditadura.

sempre se busca são alternativas para "o atoleiro em que o Brasil se meteu", seja com mais desesperança, com a ironia minando a epopeia e desvelando machadianamente o quixotesco das utopias alencarianas. E essa busca se amplia no confronto passado-presente, interior-centro, no desconcertante "concerto carioca" e, finalmente, para a América Latina e seus eternos problemas, incluindo a terrível integração perversa que ocorreu com a "Operação Condor", nos anos de 1970 (como aparece em *Sempreviva*) e, cem anos antes, com a "tríplice aliança" (rememorada obsessivamente por Facundo, personagem central em *Memórias de Aldenham House*).

A ironia existente já em *Assunção de Salviano* e *A madona de cedro* – ainda comedida e, portanto, mínima – vai crescendo a partir de *Quarup*, até explodir na sátira de *A expedição Montaigne*, que parece encerrar o ciclo referido anteriormente.

Nesse romance, um jornalista de nome Vicentino Beirão arrasta consigo pouco mais de uma dúzia de índios (já aculturados, mas fingindo selvageria para corresponder ao gosto desse chefe meio maluco) e Ipavu, índio camaiurá, tuberculoso, recém-saído do reformatório de Crenaque, em Resplendor, Minas Gerais. O objetivo da insólita expedição, que tem como mascote um busto do filósofo Montaigne (um dos principais criadores da imagem do bom selvagem na Europa) é "levantar em guerra de guerrilha as tribos indígenas contra os brancos que se apossaram do território", desde a chegada de Cabral, descrita como um verdadeiro estupro da terra de Iracema.

Depois de várias peripécias e de sucessivas perdas no labirinto de enganosos rios, eles conseguem chegar à aldeia camaiurá, levados pelo rio Tuatuari. A longa viagem, na verdade, conduz à morte. Vicentino Beirão, febril e semidesfalecido, é empurrado por Ipavu para dentro da gaiola do seu gavião Uiruçu, companheiro de infância com quem foge logo em seguida. O pajé Ieropé, já velho e desmoralizado, incapaz de curar os doentes desde que os remédios brancos foram introduzidos na aldeia, ao sair de sua cabana pouco depois da fuga de Ipavu, e ver o jornalista enjaulado, vislumbra aí a possibilidade de recuperar o seu prestígio de mediador entre os homens e os deuses, "recosturando o céu e a terra" e trazendo de volta o tempo em que suas ervas e fumaças eram eficazes. Porque, para ele, Vicentino Beirão é Karl von den Steinen renascido.[15]

Enquanto isso, a tuberculose, que estivera corroendo as forças de Ipavu durante toda a travessia, completa sua obra e o indiozinho também morre, reintegrando-se na cultura indígena, através de um ritual fúnebre: a canoa

---

[15]   Trata-se do antropólogo alemão que fez a primeira expedição ao Xingu em 1884, aqui chamado de Fodestaine.

que se afasta com seu corpo, rio afora, conduzida pelo gavião de penacho.

Como na maior parte dos romances de Callado, o desenlace é insólito e nos agrada na medida em que surpreende. No entanto, o grande prazer da leitura está em seguir o desenrolar da história, o contraponto das perspectivas alternadas, a escrita que nos empolga e nos faz ler tudo de um fôlego só, provocando ao mesmo tempo a expectativa do romance policial, o riso da comédia, a piedade e o terror da tragédia.

Anti-herói paródico, Vicentino Brandão é Nando, Quinho e tantos heroicos revolucionários dos romances anteriores. A dimensão utópica desaparece, persistindo somente de forma negativa, na amargura de um mundo fora dos eixos: nossa tragicomédia exposta.

A vertente machadiana, cética e irônica, que combinava tão bem com o lado Alencar de Callado (que aparece em outros romances só quando o narrador se distancia para olhar exaustivamente e sem piedade a miséria dos heróis e a pobreza das utopias em seus mundos infernais) agora ganha o primeiro plano, intensificando a caricatura.

A expedição Montaigne parece resumir um ciclo de modo tal que, depois dela, é como se Callado trabalhasse com resíduos. Ainda apegado ao tema do índio – tema pelo qual ele reconhece um interesse do avô, que também gostava de tratar desse assunto – o escritor volta a ele no seu penúltimo romance – *Concerto carioca*, mas esta vez caracterizado por uma problemática histórico-social mais ampla.

A tentativa de *Concerto carioca* é, como o próprio nome aponta, a de concentrar num cenário urbano a ficção previamente desenhada pela viagem aos confins do Brasil. Entretanto, até isso é ambíguo, já que o jardim botânico, onde transcorre a maior parte da ação, é uma espécie de minifloresta que enquadra e anima de modo mítico com suas árvores e riachos, a figura de Jaci, o indiozinho (agora citadino), vítima de Javier, um assassino um tanto psicopata, no qual já poderíamos ler o símbolo dos colonizadores de ontem e dos depredadores da vida e da natureza hoje, de dentro e de fora da América Latina, tornando a exterminar os índios, agora transplantados para a cidade. Ettore Finazi Agrò leu *Concerto carioca* como um concerto desafinado, um conjunto de sequências inconsequentes e de pessoas fora do lugar, umbral, paralisia e atoleiro, num presente que arrasta o passado, feito de falta e remorso, em analogia com o ritmo desafinado da nossa existência descompassada. O mesmo atoleiro, que nos obriga a arrancar-nos da lama pelos próprios cabelos, tarefa hercúlea que o próprio Callado sempre invocava, aludindo seriamente aos contos do célebre Barão de Münchhausen.[16]

---

[6]   Personagem de *As aventuras do celebérrimo Barão de Münchhausen*, escrito pelo alemão Gottfried August Bürger em 1786 e publicado no Brasil, com tradução de

Nesse livro, ainda bebendo nas fontes de sua própria vida (a infância passada no jardim botânico e o descobrimento do índio pelo menino, aprofundado anos depois pelo repórter adulto), o escritor retoma também outro tema que lhe é familiar: a temível potencialidade das pessoas. Segundo seu próprio depoimento, isso se confunde com a tarefa do romance, levar a pessoa ao extremo daquilo que poderia ser: "Então você pode acreditar numa prostituta que é quase uma santa no final do livro, como em um santo que resulta um canalha da pior categoria".[17] Ao longo de toda a obra, essa dimensão, que poderíamos chamar de "pesquisa do mal no homem, na mulher, na sociedade", aparece nos momentos em que os demônios se soltam.

Concerto carioca opta por se introduzir nas vertentes pessoais da maldade e toma partido, decisivamente, pelo mito, deixando dessa vez a história como um distante pano de fundo. Ao debilitar-se o plano histórico e social, rompe-se aquele equilíbrio entre o particular e o geral, o contingente e o transcendente, que permitiu a *Quarup* perdurar. O resultado, embora reúna acertos e achados, é um romance no qual o próprio narrador (personificado num menino) parece perceber um equívoco: o de desta-

Carlos Jansen, Rio de Janeiro, Laemmert, 1851. A análise referida da tensão temporal em *Concerto carioca* segue de perto a leitura de Finazzi Agrò, 2000, p. 137.

[17] Entrevista concedida à autora deste livro e publicada em *Antonio Callado, literatura comentada*, São Paulo, Ed. Abril, 1982, p, 9.

car como herói quem deveria ser um vilão secundário e diminuir a figura central do indiozinho, tornada paradoxalmente mais abstrata.

Em todo o caso, isso talvez seja o remate de um ciclo e o começo de outro, de um livro ambíguo que traz o novo latente. Finalmente, Callado chega de volta onde começou, redescobrindo o país e a si no confronto com seus irmãos latino-americanos e nossos meios-pais europeus, a partir da experiência da viagem, da vivência de guerras externas e internas e das prisões em velhas e novas ditaduras. Londres durante a guerra e o ambiente da BBC são aí tematizados, lançando mão novamente de um recurso que sempre foi efetivo em suas obras: os mecanismos de surpresa e suspense dos romances policiais e de espionagem. Aqui vai mais longe, pois tenta compreender o Brasil, tentando entendê-lo na América do Sul, e esta, em suas tensas relações com a Europa.

A história é narrada do ponto de vista de jornalista brasileiro que vai para Londres, fugindo da ditadura de Getúlio Vargas, na década de 1940, e lá encontra outros companheiros latino-americanos: uma chilena-irlandesa, um paraguaio, um boliviano e um venezuelano. Esses, por sua vez, fugiram do arbítrio da polícia política em seus respectivos países. O confronto deles, entre si, e de todos com os ingleses, no dia a dia de uma agência da BBC, especialmente voltada para a América Latina, acaba denunciando tanto os bárbaros crimes latino-americanos do passado e do presente, quanto o envolvimento das nossas elites com os criminosos de "colarinho branco" da supercivilizada Inglaterra. Não apenas denuncia, mas também expõe parodicamente os preconceitos e estereótipos dos ingleses sobre os latino-americanos e vice-versa.

Vinte anos depois dos sucessos de *Aldenham House*, que se prolongam num Paraguai e num Brasil só aparentemente democratizados, o narrador (ex-representante brasileiro na BBC, como fora o próprio Callado) escreve suas memórias, novamente na prisão. Nesse caso, ampliando o ciclo, o território e a viagem, circulamos pela Inglaterra e França, para chegar ao Paraguai, passando pela prisão ditatorial em que o narrador escreve sua história – uma história de outras ditaduras e de perseguições a líderes de esquerda, menos ou mais desesperados, menos ou mais vitimizados, mas igualmente vencidos pela prepotência do autoritarismo tradicional na América Latina.

Callado rememora aí a sua experiência de duas ditaduras e de duas pós-ditaduras; a experiência dos exilados que se foram e dos que voltaram para contar, tentando recuperar um outro da Inglaterra que Facundo acusa e que talvez esteja muito mais próximo do Paraguai e, por que não, do Brasil, ou pelo menos de um certo Brasil: aquele tanto mais visível quanto mais se encena a sua entrada plena na modernidade pós-moderna.

Teatro em branco e negro[18]

Leitor assíduo da biblioteca paterna, ainda muito jovem Callado descobriu Joyce, Proust, Machado e Alencar, entre muitos outros. Depois, muito teatro inglês e muito Simenon, o que explica em parte os enredos detetivescos de algumas de suas narrativas, tanto no romance quanto no teatro, todos buscando entender o enigma Brasil sem descuidar das suas relações com a América Latina e o mundo.

Sobre a importância do teatro inglês na sua formação, deu vários depoimentos, repetindo argumentos como este:

Sem dúvida a Inglaterra me fez compreender a importância e o fascínio do teatro. Até exatamente a década de 40, o teatro brasileiro era anêmico, apagado. O surto de modernização do nosso teatro data de *Vestido de noiva*, de Nelson Rodrigues, em 1943, e progrediu fantasticamente desde então. Para quem, como eu,

---

8   A obra teatral de Antonio Callado foi republicada recentemente pela Editora Nova Fronteira, em pequenos volumes, vendidos a preços muito acessíveis, na coleção "Teatro". Esses textos são acompanhados de roteiros de leitura e notas de Ligia Chiappini.

saiu do Brasil em 1941 para assistir ao teatro de Laurence Olivier, John Gielgud, Edith Evans, Ralph Richardson, Pamela Brown, a revelação era total. Na Inglaterra o teatro é tão antigo e tão importante quanto o Parlamento. E mais divertido.[19]

Sua estreia como escritor se deu, como já vimos, em 1954, simultaneamente no teatro, com *A cidade assassinada* e no romance, com *Assunção de Salviano*. *A cidade assassinada* é uma peça muito original e complexa, pela erudição histórica com que narra a fundação de São Paulo e o enfrentamento entre o jesuíta Anchieta e João Ramalho, fundador de Santo André da Borda do Campo. No ano seguinte, com *Frankel*, trata mais diretamente a temática indígena. O personagem que dá nome à peça é um pesquisador que se envolve em misteriosas experiências com índios do Xingu. Na verdade, Frankel já está morto desde o primeiro ato e a sua história é contada à medida que as outras personagens (uma antropóloga e um geólogo do Museu Nacional, um jornalista e o chefe do posto), tentam recompor os acontecimentos em que ele se envolveu e descobrir quem o matou. O cenário é fixo: uma cabana do Serviço de Proteção aos Índios, no Xingu. Tudo fica meio nebuloso, no final, mas um dos objetivos centrais da peça se cumpre: criticar o tratamento dos índios como simples objeto de estudo por parte dos cientistas.

---

[19]   *Diário da Manhã*, Goiânia, 8/8/1962.

Em 1957, aparecem duas outras peças, *O colar de coral* e *Pedro Mico*, cuja ação se passa no Rio de Janeiro, mas sem perder a conexão com o Nordeste. A primeira apresenta uma trama policial e amorosa, na qual podemos reconhecer elementos de contos de Edgar Allan Poe e de *Romeu e Julieta*, de Shakespeare, transplantados para o Rio de Janeiro. Aí se encena um conflito sangrento entre membros empobrecidos de duas tradicionais famílias cearences, em meio a uma romântica história de amor. Da segunda peça trataremos mais adiante, no comentário mais detalhado sobre o teatro negro.

Já na década de 1960, uns anos antes de *Quarup*, reencontramos o tema das reportagens sobre o nascimento das Ligas Camponesas na peça intitulada *Forró no Engenho Cananeia*, de 1964. Narra-se uma disputa pelo cemitério, em torno da qual se organiza todo um forró, nos dois sentidos da palavra: de um "arrasta-pé", regado à cachaça e embalado à moda de viola, por um lado, e de confusão e luta, por outro. Entre a festa e a guerra, entre a viola e as armas, move-se um pequeno grupo de camponeses que evoluem do conformismo com a vida de explorados, aceitando e preparando a morte sempre próxima, à revolta e a luta pelo direito à terra e a uma vida digna. A ação se concentra na casa do fabricante de caixões de defunto, Seu Roque, que é também o coordenador da Sociedade Mortuária, uma espécie de cooperativa para a qual a maior parte dos membros da comunidade do Engenho Cananeia contribui, quotizando-se para preparar e prevenir o próprio enterro. Aí se reúnem os principais personagens, discutindo o problema da iminente perda do cemitério comunitário. A organização defensiva pelo direito de morrer e ser enterrado dignamente vai evoluir ao longo da peça para uma ação ofensiva pelo direito de viver dignamente no seu pedaço de chão. Tudo isso bem à maneira de Callado, mesclando ou alternando tragédia e medo com heroísmo, canto, amor e um certo humor negro, meio inglês e meio nordestino.

Finalmente, uma parte significativa e pioneira da obra teatral de Callado tematiza a realidade das favelas cariocas e a questão da negritude no país, no que ele reuniu sob o nome de "Teatro Negro", em um volume intitulado *A revolta da cachaça*, de 1983. As quatro peças que o compõem são: *Pedro Mico* (1957), *O tesouro de Chica da Silva* (1959), *Uma rede para Iemanjá* (s.d.) e *A revolta da cachaça* (escrita no fim dos anos 1950 e publicada com as outras três em 1983, mas encenada pela primeira vez só em 1995, no Centro Cultural do Banco do Brasil, Rio de Janeiro).[20]

---

[20]   Segundo informação fornecida por Ana Arruda. Aproveito a oportunidade para agradecer por esse e outros dados que me forneceu. Igualmente agradeço o auxílio de Eliana Vasconcelos, que me permitiu consultar o arquivo de Callado na Casa Rui Barbosa, com preciosos recortes de jornal sobre encenação, reações do público e da crítica principalmente de *Pedro Mico*.

Depois de uma breve apresentação de cada uma dessas quatro peças, nos centraremos em *Pedro Mico*, por ter sido pioneira e porque nos permite analisar melhor o caráter profético desse teatro, que aponta a catástrofe, como nos últimos romances do autor, acompanhada de um riso enganador.

1. *Pedro Mico*

Peça em um ato, cuja ação transcorre em uma favela do Rio de Janeiro nos anos 1950. Teve várias representações, no Rio, em São Paulo e em outros Estados do Brasil, como no Rio Grande do Sul, onde, pela primeira vez, o protagonista negro foi representado por um negro, pois, na época, era comum o ator branco atuar pintado de preto.

Pedro é um negro que tem a fama de ser muito bom na arte de enganar a polícia, que o busca por crimes de roubo. Sua grande agilidade em escalar prédios altos é a razão pela qual os jornalistas lhe deram o nome de Mico. Para essas ocasiões ele tem sempre uma corda ao alcance da mão. Pedro não sabe ler e, como quer estar informado sobre o que aparece nos jornais, sobretudo na seção policial, para inteirar-se se e como falam dele, resolve seu problema com ajuda de mulheres que leem para ele as principais notícias. A peça apresenta uma cena entre ele e sua mais recente conquista, a prostituta Aparecida, a quem pede que lhe leia os jornais do dia, como uma espécie de prova ou condição para que continuem a relação amorosa. Aparecida faz isso muito bem, mas o encontro de trabalho e amor é interrompido pela ciumenta Melize, vizinha de Pedro Mico no "Morro da Catacumba", onde vivem e onde transcorre a ação.

Melize não sabe ler, mas está tentando aprender para ver se conquista Pedro, por quem tem uma grande paixão. Seu irmão, Zemelio, é admirador de Pedro e o avisa que a polícia está vindo apanhá-lo. Melize, por ciúmes, o havia denunciado. Antes disso, Aparecida havia contado a Pedro a história de Zumbi, o escravo, líder do Quilombo de Palmares. Esse quilombo existiu no Brasil entre 1630 e 1695 na Serra da Barriga, hoje região de Alagoas, Estado do Nordeste brasileiro, de onde provém Aparecida. Zumbi se matou quando a polícia venceu a resistência dos quilombolas e ia prendê-lo. Matou-se jogando-se num abismo e se transformou no herói mítico para os negros e para o movimento negro.

Na peça de Callado, quando chega a polícia para prender Pedro, Melize e Aparecida saem para tentar detê-la, ganhando tempo. Quando voltam, a janela aberta e uma roupa de Pedro pendurada em uma árvore levam a pensar que ele se havia matado, imitando o gesto desesperado de Zumbi. A polícia desce para buscar o cadáver e as mulheres ficam chorando. De repente, reaparece

Pedro na janela, pois tudo havia sido um de seus truques. Enquanto a polícia o busca lá em baixo do morro, ele escapa com Aparecida. No horizonte fica a possibilidade de que um dia Pedro volte para guiar a conquista da cidade pelos negros da favela, tal qual um Zumbi redivivo. É o sonho que Aparecida tenta vender a Pedro: "Você já pensou, Pedro, se a turma de todos os morros combinasse para fazer uma descida dessa no mesmo dia?... Tu já pensou, Pedro?", pergunta Aparecida no final, que se fecha com a resposta enigmática de Pedro: "Não. Mas vou pensar" (Callado, 1983, p. 105).

2. *O tesouro de Chica da Silva*

A segunda peça é também uma comédia, mas com fundo histórico: *O tesouro de Chica da Silva*, representada pela primeira vez em 1958, no auditório da Escola de Teatro da Universidade da Bahia[21] e algumas outras poucas vezes. Inspirou séries televisivas e filmes de grande sucesso mais tarde.

A escrava Chica da Silva é a principal figura, cercada por suas mucamas, também negras, que formam uma espécie de coro. Além delas, há outras personagens importantes que com elas atuam, o seu amante, contratador de diamantes, João Fernandes; o conde de Valadares,

---

[21] *In*: *Diário de Notícias*, 11/12/1958, "Notícias". (Recortes do acervo Callado da Casa Rui Barbosa, Rio de Janeiro).

anti-herói, e outros brancos e negros que fazem parte do ambiente do Arraial do Tijuco (hoje, Diamantina) no século 18, tempo em que se passa a história.

Quando a peça começa, Chica é a amante do contratador e vive muito feliz com ele. Mas encontra-se no Tijuco o corrupto conde de Valadares, governador da Capitania, embaixador do rei de Portugal e do temido marquês de Pombal. Ele está encarregado de fazer uma devassa que irá provocar a ruína de Chica e de João Fernandes. Na peça, Chica tenta primeiro comprar o conde, mas ele sempre quer mais. Como ela não tem um tesouro em pedras preciosas que lhe havia prometido, ele ordena a prisão do contratador e a devolução de Chica para a senzala, para que volte a viver como as outras escravas. Aí ocorre o inesperado: o filho do conde, d. Jorge, que não era publicamente reconhecido como tal, apaixona-se por Chica e, por amor, mata o capitão enviado pelo conde para levá-la à senzala. O tesouro prometido por Chica se converte então, para surpresa final do conde e do público, no filho deste, que ela lhe presenteia adormecido em sua cama, quando descansava do estresse sofrido por matar o capitão. Como o conde não quer que o crime se divulgue e muito menos seu autor, o que o desmoralizaria, rende-se e faz o que Chica quer. Propõe-se a soltar o contratador que estava preso, mas Chica lhe ordena que ainda o deixe dormir na prisão uma noite, para que aprenda a ser mais corajoso, já que ela o condena por deixar-se vencer tão facilmente pelo conde. Como se vê, Chica domina a cena, apresentando-se como mulher forte, ao contrário do passivo contratador.

Um aspecto importante a assinalar nessa peça é que a rusticidade mal disfarçada de Chica serve frequentemente para revelar a pseudocultura de uma elite de brancos tão ou mais ignorantes do que ela. O contraste se obtém ainda contrapondo elementos da cultura branca a elementos da cultura negra, como na música, por exemplo, onde o lundu africano aparece ao lado da música austríaca, apreciada pelos nobres portugueses. Mas também se evidencia a capacidade de os negros, representados por Chica e seus companheiros e companheiras, se apropriarem da música estrangeira e da música de brancos, valorizando, entre outras, a modinha de origem portuguesa.

Aqui, como em *Pedro Mico*, estão presentes os mitos afro-brasileiros. Além de Zumbi, são mencionados os orixás, a quem Chica sempre recorre nos momentos difíceis, ficando com fama de feiticeira.

3. *Uma rede para Iemanjá*

Essa relação também é decisiva para a peça seguinte, *Uma rede para Iemanjá*, conforme o indica o próprio título. Essa peça, como *Pedro Mico*, se passa no Rio de Janeiro, voltando também ao presente, ou seja, aos anos de 1950. Nesse ambiente, se mesclam mulheres brancas com trabalhadores da construção civil, negros e nordestinos, por sua vez mestiços de índio; um negro tem o apelido de Manuel Seringueiro; uma mulher branca leva o nome de Jacira, mas se diz filha de Iemanjá e a única coisa que almeja é ter o seu filho numa rede, porque assim quer a sua deusa.

Tudo gira em torno desse parto na rua, em uma rede, deixada aí pelo marido de Jacira que a abandona, mas não sem antes atender esse seu desejo: uma rede para parir. No parto ela é ajudada por um velho, cujo filho, Juca, morreu afogado. Ela o encontrara na praia rezando para Iemanjá trazer seu filho de volta. O menino que nasce na rede é visto assim como uma espécie de reencarnação de Juca. Como isso se passa pouco antes do 31 de dezembro, dia em que se homenageia Iemanjá, a peça pode ser lida como uma versão afro-brasileira de um auto de natal.

4. *A revolta da cachaça*

Dedicada ao ator negro Sebastião Prata, conhecido como Grande Otelo, essa peça também se passa no Rio de Janeiro dos anos de 1950-1960. Pode-se dizer que se trata de um metateatro, porque seu tema é uma peça de teatro que deveria ter como ator principal um negro, mas que não se termina, porque o diretor tem dificuldade de acabá-la talvez por isso mesmo. Esse autor e diretor é Vito, que começou a escrever a peça há dez anos para seu amigo negro, Ambrósio. Dez anos depois, Ambrósio volta para reclamá-la a ele e a sua mulher, Dadinha, com quem, no passado tivera uma história de amor.

As relações amorosas e de amizade são desmascaradas no final, pois o autor se nega a terminar a peça e acaba provocando a ira de Ambrósio que tenta matá-lo, mas morre no final, sem consegui-lo. Nessa versão, o negro acaba representando o papel ao qual sempre esteve confinado e do qual queria fugir: o de marginal e criminoso.

Vito é um intelectual que trata o negro de forma paternalista. Dadinha é a mulher branca que o utiliza como objeto sexual. Aí se insinua algo que voltará em peças mais recentes de autores negros, que é a visão da mulher branca atraída sexualmente pelo negro, ou melhor, pela projeção que faz dele em suas fantasias: o violador forte e bruto contra a vítima indefesa da barbárie.

A peça, destinada a Ambrósio, no papel principal, semiescrita e nunca terminada, se chamaria *A revolta da cachaça*, uma espécie de drama histórico, que contaria algo da revolta ocorrida no século 17, quando Portugal proibiu Jerônimo Barbalho de continuar produzindo cachaça em seu engenho, na Lagoa Rodrigo de Freitas, e este se rebelou, ajudado por um negro liberto, João Angola, que vivia no morro. O papel heroico do negro seria feito por Ambrósio.

A discussão sobre a peça e suas várias versões, se dá enquanto todos bebem cachaça (enviada em um grande barril por Ambrósio, como presente misterioso, antes de sua chegada em pessoa à casa dos antigos companheiros de teatro). Ambrósio ameaça Vito com um revólver. A problemática do negro está condensada aí. A peça é complexa e não há espaço disponível para mostrar isso aqui, mas as citações a seguir, de Ambrósio, podem dar uma ideia dessa complexidade:

Sobre a discriminação do negro pela polícia:

Eu procuro sempre andar meio almofadinha, como se dizia antigamente. Crioulo tem que andar com ar de quem é troço na vida, de quem tem grana no banco e erva viva no bolso. Se ele não se enfeita e de repente pinta uma cana – quem é o primeiro a entrar no camburão? Até o negro se explicar..." (Callado, 1983, p. 27)

A respeito do teatro:

Quando pensamos que peças de teatro são escritas no Brasil desde que Cabral abriu a cortina deste palco... parece incrível que esta seja a primeira que tem um preto como protagonista.

E o preto protagonista é o criolo mesmo e não o branco pintado de preto .

Se você continuar assim quem fica sem peça sou eu, porra. Acabo outra vez fazendo papel de criado, de ladrão, de bicheiro, ou chofer." (Callado: 1983, p. 31)

Me dá a peça, Vito! Não aguento mais ser copeiro, punguista e assaltante.

Vim aqui cobrar a fama que você me deve. Vim para morar, pra morrer. Mas no meio do rio ou da rua. Chega de margem." (Callado: 1983, p. 31)

A peça encena a contradição branco e negro, mas cercada de outras que ainda a fazem mais atual e complexa: a relação homem-mulher e homem-homem, já que sugere uma paixão homossexual entre Vito e Ambrósio no passado e no presente, assim como entre este e a mulher de Vito, Dadinha. A questão de não escrever a peça se cruza, assim, com o racismo e a questão sexual; ela não se conclui apenas porque o ator é negro, mas porque Vito tem ciúmes, como marido e como homossexual.

No final, depois de disparar em Vito e de colocá-lo dentro do barril de cachaça, Ambrósio foge para o jardim. Um policial dispara e o fere, mas parece que morre do coração. As reações da polícia são representativas do preconceito racial, pois ela só pode esperar do negro o papel de assassino. A palavra final é de Dadinha, para a qual o criolo se transforma no morto que, impessoalmente, como um pobre desconhecido, será conduzido diretamente ao necrotério.

Aparentemente leves, as quatro peças tematizam problemas profundos da sociedade brasileira, marcada pelo estigma da escravidão e do preconceito, da discriminação e da marginalização do negro, no passado e no presente. Para conviver com isso o negro deve apelar seja à malandragem, feito Pedro Mico e Chica, seja aos deuses afros, como ela e a mãe do filho de Iemanjá, seja à violência como Ambrósio.

A gravidade do tema contrasta com a leveza do estilo de modo a torná-la mais impressionante. O espectador ri mas ri culpado, principalmente se ele é branco e bem de vida. O custo do seu riso é um certo mal-estar que dura para além do espetáculo.

No caso de *Pedro Mico*, a problemática social, do abismo econômico entre os habitantes da favela e os habitantes da Zona Sul, metonimicamente representada pela Lagoa que se vê do alto dos barracos vizinhos, cruza-se com a problemática racial e regional. Aparecida imagina o dia em que a favela vai descer e invadir a casa dos ricos da Lagoa. Pedro Mico sabe que, se o fizerem, vão acabar atraindo a polícia que vai tirá-los à força de lá, mas avalia o quanto pode ser divertido e o quanto podem aproveitar das casas ricas nem que seja por pouco tempo.

Como já dizia um crítico da época, Accioly Netto, "a peça vai buscar o tema do chamado malandro do morro, tipo marginal, perseguido pela polícia, mas endeusado pelas crônicas policiais".[22] Pedro se importa muito com sua imagem nos jornais e, quando imagina a invasão,

---

22   Accioly Netto, "Pedro Mico, início de uma era teatral". Recorte de jornal não identificado, de 6/6/1959, encontrado no acervo Callado da Casa Rui Barbosa.

o que lhe agrada é pensar que isso podia durar pouco, mas "dava uma reportagem de chocoalhar com os tiras". (Callado, 1983, p. 105)

A aparente leveza de uma comédia de costumes, com apenas um ato e poucos atores, não esconde aspectos como esse, de extrema atualidade. Muito tempo depois, o caso do bandido apelidado Fernandinho Beira-Mar levou um ministro da Justiça a reclamar da sua heroicização pela imprensa, chamando-o pelo nome que ninguém conhecia e evitando o mítico apelido.

Quando lemos a peça tampouco podemos deixar de associar a proeza de Pedro Mico com a do assaltante do famoso apresentador de TV, Silvio Santos, que, no ano 2000, pouco antes de entrar na casa deste, havia fugido da polícia, descendo pela parede de um prédio alto, como uma espécie de homem-aranha.

A fatalidade que cerca a vida de Pedro Mico nos faz associá-lo, ainda, a seus sucessores no romance e no filme *A cidade de Deus*. Neste, os sucessores de Pedro Mico já vivem num tempo em que não há mais lugar para o malandro simpático que a literatura e a música já haviam representado quando Callado escreveu sua peça.

Diz um crítico:

Não é fácil a vida no morro da Catacumba, ou em qualquer outro morro. Todos os Pedros Micos têm que usar as armas que conhecem. Se são espertos e heroicos, vivem com armas na mão e na cinta e quando sobem o morro (sempre como se fosse a última vez), os vizinhos e os meninos os olham com admiração e respeito. Os fracos baixam cedo o morro e se entregam aos brancos que os dominam e exploram.[23]

Essa admiração dos meninos e das mulheres vemos representadas em Pedro Mico nas figuras de Melize e seu irmão, especialmente. Mas a figura de Aparecida surpreende, em se tratando do Brasil da época. Ela representa a mulher nordestina, transladada para a capital do país, que se nega a trabalhar como doméstica (destino da maioria), entregando-se à prostituição, mas sem perder a ambição de sair dessa vida para uma melhor. Uma arma importante para isso ela tem: sabe ler e tem uma compreensão das contradições sociais em que está inserida, bem maior que a do namorado malandro.

A imagem da prostituta é positiva. A iniciativa é sempre dela. O seu saber vem das letras mas também das lendas de sua terra, Alagoas. Ela é a portadora e transmissora do mito de Zumbi, cuja história conta como se contam contos, aumentando um ponto e associando-o a Pedro Mico: "Zumbi deve ter sido um crioulo assim como você". (Callado: 1983, p. 89)

A justaposição da história de Zumbi dos Palmares com o aparente epílogo da peça produz, como apontou

---

23   Claudio Bueno Rocha, artigo de periódico não identificado. Acervo Callado da Casa Rui Barbosa.

a crítica na época, um choque de efeito dramático extra-ordinário. A sabedoria de Aparecida – que lhe vem dessa combinação especial entre letra e oralidade – é captada intuitivamente por Pedro Mico, que a trata ora com machismo e ora com cavalheirismo, proibindo Melize de desrespeitar a que agora é sua mulher, o que parece redimi-la do passado.

Na estreia da peça, a então jovem atriz Tônia Carrero fez um comentário que foi repetido pelos jornais e depois retomado por alguns críticos, assinalando a semelhança entre *Pedro Mico* e a ópera *Porgy and Bess*, de Gershwin. "*Pedro Mico* seria o *Porgy and Bess* brasileiro se tivesse música". Quando li isso me surpreendi, pois minha memória da ópera negra norte-americana, que eu havia visto há quase 15 anos, não me permitia reconhecer qualquer semelhança. Pensei que se tratasse de uma pretensão um tanto esnobe da atriz. Afinal, trata-se de uma ópera complexa, com belíssima música, três horas de duração e uma equipe de mais de cem pessoas. Compará-la a nosso *Pedro Mico*, que tem apenas um ato e quatro personagens, além da ausência de música, parecia um despropósito. Porém, por coincidência, quando escrevia este texto, tive a oportunidade de rever a mesma ópera em Berlim. Vendo, então, como a prostituta Bess encontra, depois de uma resistência inicial, o reconhecimento como mulher e como pessoa por parte de Porgy e da comunidade em que este vive, comecei a pensar que uma das associações que intuitivamente Tônia Carrero fez poderia ser essa. Mas, também e sobretudo, a figura do malandro. Na ópera, Sportin'Life é um malandro que se pode associar diretamente a Pedro Mico, sobretudo por sua lábia que dança e seu corpo que fala na ginga dos avanços e recuos, na leveza dos saltos e dos gestos sedutores. Assim é Pedro Mico: ágil de corpo e de mente. A agilidade física se insinua aos olhos do espectador por meio dos movimentos felinos, do bamboleio que ele próprio tematiza, ao explicar por que os repórteres o chamam Pedro Mico:

> Coisas desses repórteres dos periódicos. Bons meninos. Um deles me chama Pedro Escala, em vez de Pedro Mico. O que acontece é que eu subo qualquer monte, qualquer parede que me apareça. Entro num terceiro andar de um edifício, como se estivesse saltando um muro de pátio. Pulo janela, mas também no alto das paredes. (Callado, 1983, p. 73)

A agilidade mental se expressa quando o vemos reescrever a história de Zumbi, enquanto a escuta. Desde o início, antecipa a reescritura do final nos comentários que tece, lamentando sua morte. Pois a filosofia do malandro é a da sobrevivência: "Esse negócio de morrer no fim é danado. Ganha quem fica vivo" (Callado, 1983, p. 92). Pedro Mico transforma, pois, o mito sagrado em um golpe, antes de mais nada, um golpe de cena: "Vou dar o golpe de Zumbi neles". (Callado, 1983, p. 103)

O carnaval de 2000 tem um samba-enredo que nos fala de dois Rio de Janeiro, o de lá, rico e o de cá, pobre. *Pedro Mico* também tematiza o Rio dividido entre o morro e a lagoa, por sua vez, metáfora do *apartheid* da sociedade brasileira, de classe e de raça. No tempo da peça, a favela em questão existia, depois foi transformada em parque, tendo os argumentos ambientalistas servido aos ricos que queriam ver longe os moradores da favela. A peça expõe contrastes e conflitos, provocados pelo modelo de desenvolvimento que o país adotara e que, no plano de metas de Jucelino Kubitschek, prometia avançar 50 anos em 5. Assim se encenam aí as tensões de um Rio de Janeiro urbanizado e da favela, de um Brasil central e do Nordeste, do passado de Zumbi e do presente dos novos zumbis, do mito e da história.

A imigração nordestina que concorre para essa guerra e que apenas começava na época, aparece representada por Aparecida. Ela é tematizada pelo enfrentamento e associação entre um carioca e uma alagoana, no profundo desconhecimento do "outro país" que ela representa: "Alagoas, onde fica isso?", pergunta Pedro Mico (Callado, 1983, p. 88).

As referidas tensões se incorporam no texto e se concretizam no palco não somente de forma direta e explícita, mas também através do ambiente criado, dos gestos que falam e das palavras que dançam na fala do malandro, que domina a retórica dos brancos, dela se apropria e se serve para conquistar mulheres e o público. A essa linguagem-dança, um crítico da época se refere como "uma espécie de capoeiragem intelectual".[24] (Mário Nunes, 1957)

Nas roupas de Pedro Mico (chapéu panamá, sapato de bico bicolor, terno branco etc...) que contrastam com seu barraco mobiliado de caixotes, se expõe o código de uma sociedade onde reinam as aparências, o que, como vimos, é expresso claramente por Ambrósio em *A revolta da cachaça*.

Como no teatro negro mais tarde, "o código da duplicidade instaura o jogo da aparência e da representação, que é também o jogo do olhar e da ironia, da sedução e do jogo do andar e dos sentidos na tradução da diferença, em que não se cristalizam verdades absolutas mas sim práticas da fala, jogos discursivos, espaços ritualísticos da linguagem." (Martins, 1995, pp. 55-56)

O problema do analfabetismo, então na ordem do dia, com as campanhas de alfabetização inspiradas em Paulo Freire, também aparece aí. A letra é uma arma e Pedro sabe disso, virando-se como pode na guerra urbana que apenas começava nos anos 1950.

---

[24]   Texto de Mário Nunes, de 1957. Acervo de Callado da Casa Rui Barbosa.

Nessa década, em que impera a ideologia do desenvolvimento, Callado recria no texto teatral um retrato fragmentado do país, desconstruindo o mito da superação do Brasil atrasado pelo Brasil moderno e encenando uma cultura ao mesmo tempo letrada e iletrada, com ou sem o domínio da letra. Desse modo, vira do avesso a tese da cidade letrada como parte visível da cultura iletrada, conforme defende Ángel Rama (Rama, 1984). Pois aqui, a cidade iletrada é parte visível de uma cultura letrada. Nessa cidade, os conflitos se expõem, subvertendo o mundo letrado, lançando mão de estratégias de apropriação da letra e da retórica da elite branca por um negro favelado.

A peça funciona mais como um alerta que não se soube ouvir a tempo do que como uma esperança de integração dos favelados na cidade maravilhosa, conforme leram alguns críticos idealistas. Não se trata de uma proposta de invasão da cidade pela favela, desde uma perspectiva acalentada, como quer Maria Silvia Betti (Betti, 2002); porém desde uma perspectiva profética de um futuro não tão remoto, mas longínquo o suficiente para talvez ter sido evitado. Futuro que hoje se faz presente e que, perplexos, testemunhamos.

Conclusão

Antonio Callado sabia muito bem que um escritor não muda a realidade com seus escritos, mas pode ajudar a melhor compreendê-la, condição para transformá-la. Isso, por sua vez, pode ajudar a construir um sonho de mudança, ajudando a resistir aos que querem inibir o sonho e a sua realização. Callado sabia, ainda, que um escritor, como escritor, pode não influir diretamente nos fatos, mas um cidadão escritor e jornalista, pertencente às camadas letradas, privilegiadas em uma sociedade desigual como a brasileira, pode, por sua palavra, sua ação e seu exemplo, expressar com coerência e mesmo, frequentemente, contra seus pares, a sua solidariedade aos excluídos da cidadania, que, por sua vulnerabilidade social, sexual ou étnica, vivem à margem, sem encontrar canais de expressão direta às suas necessidades, dores e direitos.

Callado não se calou. Falou como cidadão, como jornalista, como autor de teatro e romances; às vezes como professor, e sempre como intelectual público, identificado com as causas da justiça social, do respeito à diferença e à democracia. Falou à sua, à minha, a várias gerações, no Brasil e no estrangeiro. E "pagou o pato", sendo preso e humilhado. Sonhou e lutou até desanimar, vindo a morrer descrente, aos 80 anos, mas sem trair seus ideais e suas convicções mais sólidas.

Se ele pode ser representativo do projeto nacional e popular, definido e redefinido continuamente pelos artistas e intelectuais brasileiros, sobretudo a partir de 1960 (e do qual principalmente *Quarup* é apontado como exemplar), traz desde o início, implicitamente, nas redes de suas histórias, feitas de morte e ressurreição (cada vez mais de morte e menos de ressurreição) a suspeita de que uma verdadeira nação, que inclua a todos os seus filhos, seria, ainda por muito tempo, muito mais uma aspiração do que uma realidade. Pelo viés da ficção, portanto, o escritor retomou o problema da nação, recolocado pelo ex-governador de Pernambuco (no prefácio do livro *Tempo de Arraes),* a partir dos versos de Drummond: "O Brasil não existe. E acaso existirão os brasileiros?"

Como o poeta, Callado, em seus romances, indaga sobre a existência da nação, em vez de partir dela como um dado. E, ainda como o poeta Carlos Drummond de Andrade, que reescreve a canção do exílio de Gonçalves Dias, Callado também a atualiza, revelando o exílio mais terrível e mais difícil de superar: o exílio do lado de cá, o lá encarnado aqui, para onde não se volta de avião ou de barco.

No final dos anos 1990, ele sintetizou um diagnóstico severo da América Latina, de um modo que servia também como luva ao caso brasileiro, quando disse:

> A América Latina não gosta do nome que tem porque não gosta de ser aquilo que é. São países que se consideram, todos e cada um, em eterna formação e em busca de uma identidade. Como já disse não sei quem, todos eles sabem muito bem a identidade que têm – mas não gostam dela. Preferem, por isso, fingir que ainda não têm nenhuma.[25]

Mas nos deixou um precioso legado: o conjunto de sua obra. Nela, pelo filtro da linguagem literária, nos devolve, crítica e amorosamente ao tempo de nossos antepassados, recuando aos índios que no Brasil viviam antes de existir o Brasil, fazendo a história do Brasil colonial e iluminando a persistência deste no seu próprio tempo, sem deixar de apontar profeticamente para o nosso tempo, em que os velhos problemas de uma sociedade extremamente desigual continuam a nos desafiar, mas que é também um tempo de reconstrução de um Brasil menos injusto, mais latino-(sul)americano, mais (sul) mundializado.

---

[25]   CALLADO, Antonio. "A América Latina é hoje nau de insensatos". In: *Crônicas de fim de milênio*. Martha Viana (Org). São Paulo: Francisco Alves, 1997, p. 90.

Bibliografia utilizada

1. Obras de Antonio Callado

Reportagens:

Esqueleto na lagoa verde (1953); *Os industriais da seca e os galileus de Pernambuco* (1960); *Tempo de Arraes* (1964); *Vietnã do Norte* (1969); *Passaporte sem carimbo* (1978); *Antonio Callado, repórter, reportagem* (Rio de Janeiro: Agir, 2005).

Teatro:

A cidade assassinada (1954); *Frankel* (1955); *Pedro Mico* (1957); *O colar de coral* (1957); *Uma rede para Iemanjá* (1958); *O tesouro de Chica da Silva* (1962); *A revolta da cachaça, Teatro Negro*, reunindo as peças: *Pedro Mico e O tesouro de Chica da Silva* (Rio de Janeiro: Nova Fronteira, 1983).

Romances:

Assunção de Salviano (1954); *A madona de cedro* (1957); *Quarup* (1967); *Bar Don Juan* (1971); *Reflexos do baile* (1976); *Sempreviva* (1981); *A expedição Montaigne* (1982); *Concerto carioca* (1985); *Memórias de Aldenham House* (1989).

Contos:

O homem cordial e outras histórias (1993).

2. Sobre Antonio Callado

ARRIGUCCI JR., Davi. "O baile das trevas e das águas" e "Jornal, realismo, alegoria: o romance brasileiro recente". *In: Achados e perdidos: ensaios de Literatura*. São Paulo: Livraria Editora Pólis, 1979.

BETTI, Maria Silvia. "*Pedro Mico*, de Antonio Callado, suplemento de trabalho para o professor", a ser publicado juntamente com a republicação da peça. Inédito. 2002 (texto gentilmente cedido pela autora, datado de 10 de junho de 2002).

CHIAPPINI, Ligia. *Quando a pátria viaja: uma leitura dos romances de Antonio Callado*. Cuba: Casa de las Américas, Prêmio ensaio, 1993 (publicado também em *O nacional e o popular na cultura brasileira: artes plásticas e literatura*, com ZILIO, Carlos e LAFETÁ, João Luiz. São Paulo: Brasiliense, 1983).

_____. "Nem lero nem clero: historicidade e atualidade em *Quarup*, de Antonio Callado". *Lusorama*, 24, Frankfurt am Main, 1994.

_____. "Antonio Callado: literatura e história". *In: Historia y cultura en la conciencia brasileña*. Mexico: Fondo de Cultura Económico (Ligia Chiappini (Org.), por estranho equívoco constando como compilador Leopoldo Zea).

_____. *Antonio Callado: literatura comentada*. São Paulo: Abril, 1982.

_____: "Ficção, cidade e violência pós 64: aspectos da história recente narrada pela ficção". *In: Discurso histórico e narrativa literária*. Organizado por Jacques Leenhardt e Sandra J. Pesavento. Campinas: Ed. da Unicamp, 1998.

COSTA, Edson José da. *Quarup, tronco e narrativa*. Curitiba: Scientia et Labor, 1988.

CUTI. *Dois na noite e outras peças do teatro negro-brasileiro*. São Paulo: Eboh Editora e Livraria, 1991.

GORENDER, Jacob. *Combate nas trevas: a esquerda brasileira – das ilusões à luta armada*. São Paulo: Ática, 1987.

MARTINS, Leda Maria. *A cena em sombras*. São Paulo: Perspectiva, 1995.

MENDES, Miriam Garcia. *O negro no teatro brasileiro*. São Paulo: Rio de Janeiro, Brasília: Instituto Brasileiro de Arte e Cultura, Fundação Palmares, 1993.

NASCIMENTO, Abdias do. *Dramas para negros e prólogo para brancos. Antologia do teatro negro brasileiro*. Rio de Janeiro: Teatro Experimental do Negro, 1961.

PELLEGRINI, Tania. *Gavetas vazias: ficção e política nos anos 70*. São Carlos, Mercado Letras, Editora da UFSCar, 1996.

PINTO, Cristina Ferreira. "Mito e realidade política em *Sempreviva* de Antonio Callado". *In*: Brasil/Brazil, ano 1, n° 1, 1988, pp. 7-16.

SÁ, Lúcia Regina de. *A literatura entre o mito e a história, uma leitura de Maíra e Quarup*. Dissertação de mestrado, São Paulo, USP, 1990.

SÜSSEKIND, Flora. *O negro como arlequim. Teatro & Discriminação*. Rio de Janeiro: Achiamé, 1982.

ZILIO, Carlos, LAFETÁ, João Luiz e CHIAPPINI, Ligia. *O nacional e o popular na cultura brasileira: artes plásticas e literatura*. São Paulo: Brasiliense, 1983.

SOBRE A AUTORA

Ligia Chiappini é Professora Titular de Literatura e Cultura Brasileira no Lateinamerika-Institut da Freie Universität Berlin (Instituto de Estudos Latino-americanos da Universidade Livre de Berlim). Ganhadora do Prêmio Casa de las Américas (ensaio) com o livro: *Quando a Pátria Viaja: uma leitura dos romances de Antonio Callado* (1986).